DR. OETKER

NR. 2 SCHÜTTELKUCHEN

DR. OETKER

SCHÜTTELKUCHEN NR. 2

Dr. Oetker Verlag

Vorwort

„Shake your Cake“ – das ist seit kurzer Zeit das Motto in Deutschlands Küchen.

All die vielen Hobbybäcker, die das erste Schüttelkuchen-Buch schon zu Hause haben, können nicht genug bekommen von den innovativen Backideen.

In diesem Buch gibt es weitere Rezepte für Kuchen, Torten und Kleingebäck, die unglaublich einfach und schnell in der Zubereitung sind und unvorstellbar lecker schmecken.

Alle Rezepte sind wie immer nachgebacken, von Dr. Oetker überprüft und so beschrieben, dass sie garantiert gelingen.

Abkürzungen

EL = Esslöffel
TL = Teelöffel
Msp. = Messerspitze
Pck. = Packung/Päckchen
g = Gramm
kg = Kilogramm
ml = Milliliter
l = Liter
Min. = Minuten
Std. = Stunden
evtl. = eventuell
geh. = gehäuft
gestr. = gestrichen
TK = Tiefkühlprodukt
°C = Grad Celsius
Ø = Durchmesser
E = Eiweiß
F = Fett
Kh = Kohlenhydrate
kcal = Kilokalorien
kJ = Kilojoule

Hinweise zu den Rezepten

Lesen Sie bitte vor der Zubereitung – besser noch vor dem Einkaufen – das Rezept einmal vollständig durch. Oft werden Arbeitsabläufe oder -zusammenhänge dann klarer.
Die in den Rezepten angegebenen Backtemperaturen und -zeiten sind Richtwerte, die je nach individueller Hitzeleistung des Backofens über- oder unterschritten werden können. Bitte beachten Sie deshalb bei der Einstellung des Backofens die Gebrauchsanweisung des Herstellers und machen Sie nach Beendigung der Backzeit eine Garprobe.

Zubereitungszeiten

Die Zubereitungszeit beinhaltet nur die Zeit für die eigentliche Zubereitung, die Backzeiten sind gesondert ausgewiesen. Längere Wartezeiten wie z. B. Kühlzeiten sind ebenfalls nicht mit einbezogen.

Kapitelübersicht

Kapitelübersicht

Erdbeer-Streifen-Kuchen

Zutaten

Für die Erdbeermasse:
1 Pck. (300 g) TK-Erdbeeren
1 Pck. (200 g) Löffelbiskuits
2 EL Zitronensaft

Für den Teig:
200 g Weizenmehl
70 g Speisestärke
2 gestr. TL Backpulver
150 g Zucker
3 Eier (Größe M)
125 g zerlassene, abgekühlte Butter oder Margarine
5 EL Milch
einige Tropfen Butter-Vanille-Aroma

Für die Form:
1 EL Semmelbrösel

Zum Bestäuben:
Puderzucker

Zubereitungszeit:
45 Minuten, ohne Auftauzeit

Insgesamt:
E: 66 g, F: 138 g, Kh: 517 g, kJ: 15573, kcal: 3718

FÜR KINDER

1 Für die Erdbeermasse Erdbeeren nach Packungsanleitung auftauen lassen. Löffelbiskuits mit einem Sägemesser in etwa 1 cm große Stücke schneiden und in eine große Schüssel geben. Erdbeeren und Zitronensaft in einen hohen Rührbecher füllen und pürieren. Erdbeerpüree mit den Biskuitstücken vermengen.

2 Für den Teig Mehl mit Speisestärke und Backpulver mischen, in eine verschließbare Schüssel (3-Liter-Inhalt) sieben, mit Zucker mischen. Eier, Butter oder Margarine, Milch und Aroma hinzufügen. Schüssel mit dem Deckel fest verschließen.

3 Mehrmals (insgesamt 15–30 Sekunden) kräftig schütteln, so dass alle Zutaten gut vermischt sind. Alles mit einem Schneebesen oder Rührlöffel nochmals sorgfältig durchrühren, damit vor allem trockene Zutaten vom Rand mit untergerührt werden.

4 Ein Drittel des Teiges in eine Kastenform (30 x 11 cm, gefettet, mit Semmelbröseln ausgestreut) geben und glatt streichen. Die Hälfte der Erdbeer-Biskuit-Masse auf dem Teig verteilen und glatt streichen. Wieder ein Drittel Teig, dann die restliche Erdbeer-Biskuit-Masse und zuletzt den restlichen Teig darauf geben und glatt streichen.

5 Die Form auf dem Rost in den Backofen schieben.

Ober-/Unterhitze: etwa 180 °C (vorgeheizt)
Heißluft: etwa 160 °C (nicht vorgeheizt)
Gas: Stufe 2–3 (nicht vorgeheizt)
Backzeit: 50–60 Minuten.

6 Den Kuchen etwa 15 Minuten in der Form stehen lassen, dann aus der Form lösen, auf einen Kuchenrost stürzen und erkalten lassen.

7 Den Kuchen umdrehen und mit Puderzucker bestäuben.

Bröselkuchen

Zutaten

(Foto)
Zum Vorbereiten:
100 g Butter
150 g Semmelbrösel
½ TL gemahlener Zimt
abgeriebene Schale von
1 Limette (unbehandelt)

Für den Teig:
250 g Weizenmehl
3 gestr. TL Backpulver
150 g Zucker
1 Pck. Vanillin-Zucker
4 Eier (Größe M)
150 g zerlassene, abgekühlte Butter oder Margarine
6 EL Buttermilch

Für den Guss:
100 g gesiebter Puderzucker
1–2 EL Limettensaft

Zubereitungszeit:
40 Minuten, ohne Abkühlzeit

Insgesamt:
E: 80 g, F: 238 g, Kh: 561 g, kJ: 20359, kcal: 4864

EINFACH - PREISWERT

1 Zum Vorbereiten Butter in einer Pfanne zerlassen. Semmelbrösel hineingeben und unter Rühren etwa 5 Minuten rösten, bis die Butter aufgesogen ist. Zimt und Limettenschale untermischen, erkalten lassen.

2 Für den Teig Mehl mit Backpulver mischen, in eine verschließbare Schüssel (3-Liter-Inhalt) sieben, mit Zucker und Vanillin-Zucker mischen. Eier, Butter oder Margarine und Buttermilch hinzufügen. Schüssel mit dem Deckel fest verschließen.

3 Mehrmals (insgesamt 15–30 Sekunden) kräftig schütteln, so dass alle Zutaten gut vermischt sind. Semmelbrösel-Masse (etwa 1 Esslöffel beiseite legen) hinzugeben. Alles mit einem Schneebesen oder Rührlöffel nochmals sorgfältig durchrühren, damit vor allem trockene Zutaten vom Rand mit untergerührt werden. Den Teig in eine Kastenform (25 x 11 cm, gefettet) geben und glatt streichen. Die Form auf dem Rost in den Backofen schieben.

Ober-/Unterhitze: etwa 200 °C (vorgeheizt)
Heißluft: etwa 180 °C (nicht vorgeheizt)
Gas: Stufe 3–4 (nicht vorgeheizt)
Backzeit: 40–45 Minuten.

4 Den Kuchen etwa 10 Minuten in der Form auf einen Kuchenrost stellen, dann aus der Form lösen und auf dem Kuchenrost erkalten lassen.

5 Für den Guss Puderzucker und Limettensaft zu einer geschmeidigen Masse verrühren. Den Guss auf den Kuchen streichen und mit den beiseite gelegten Bröseln bestreuen. Guss fest werden lassen.

Sizilianischer Königskuchen

Zutaten

Für den Teig:
150 g Weizenmehl
2 gestr. TL Backpulver
2 Pck. Pudding-Pulver Vanille-Geschmack
120 g Zucker
1 Prise Salz
2 Eier (Größe M)
125 g zerlassene, abgekühlte Butter oder Margarine
125 ml (⅛ l) Buttermilch

1 Für den Teig Mehl mit Backpulver und Pudding-Pulver mischen, in eine verschließbare Schüssel (3-Liter-Inhalt) sieben, mit Zucker und Salz mischen. Eier, Butter oder Margarine und Buttermilch hinzufügen. Schüssel mit dem Deckel fest verschließen. Mehrmals (insgesamt 15–30 Sekunden) kräftig schütteln, so dass alle Zutaten gut vermischt sind. Alles mit einem Schneebesen oder Rührlöffel nochmals sorgfältig durchrühren, damit vor allem trockene Zutaten vom Rand mit untergerührt werden.

2 Den Teig in eine Kastenform (25 x 11 cm, gefettet) geben und glatt streichen. Die Form auf dem Rost in den Backofen schieben.

(Fortsetzung Seite 12)

Für die Füllung:
3 gestr. TL gemahlene Gelatine, weiß
3 EL kaltes Wasser
1 EL Schlagsahne
3 EL Orangenlikör
250 g Ricotta (italienischer Frischkäse) oder Sahnequark
20 g Zucker
3 EL gehackte Belegkirschen
50 g grob gehackte Zartbitter-Schokolade

Zum Bestreichen:
150 g Zartbitter-Schokolade
1 EL Kokosfett

Zubereitungszeit:
60 Minuten, ohne Kühlzeit

Insgesamt
E: 81 g, F: 234 g, Kh: 431 g,
kJ: 18519, kcal: 4424

DAUERT LÄNGER

Ober-/Unterhitze: 180–200 °C (vorgeheizt)
Heißluft: 160–180 °C (nicht vorgeheizt)
Gas: etwa Stufe 3 (nicht vorgeheizt)
Backzeit: etwa 40 Minuten.

3 Den Kuchen aus der Form lösen und auf einem mit Backpapier belegten Kuchenrost erkalten lassen. Den Kuchen zweimal waagerecht durchschneiden.

4 Für die Füllung Gelatine mit kaltem Wasser in einem kleinen Topf anrühren, 10 Minuten quellen lassen. Alles unter Rühren erwärmen (nicht kochen), bis die Gelatine völlig gelöst ist. Sahne und Likör unterrühren.

5 Ricotta oder Quark mit Zucker verrühren. Aufgelöste Gelatine vorsichtig unterrühren. Belegkirschen und Schokolade unterheben.

6 Den unteren Gebäckboden auf eine Platte legen und mit einem Teil der Quarkmasse bestreichen. Den zweiten Gebäckboden darauf legen, restliche Quarkmasse darauf verteilen. Den oberen Gebäckboden darauf legen und leicht andrücken. Den Kuchen zugedeckt 2 Stunden kalt stellen.

7 Zum Bestreichen Schokolade im Wasserbad unter Rühren schmelzen. Den Kuchen damit bestreichen. Schokolade fest werden lassen.

Geschichteter Kastenkuchen

Zutaten

(Foto)
Für den Teig:
250 g Weizenmehl
50 g Speisestärke
3 gestr. TL Backpulver
150 g Zucker
4 Eier (Größe M)
150 g zerlassene, abgekühlte Butter oder Margarine
125 ml (⅛ l) Milch
50 g gemahlene Haselnusskerne
50 g Schokoblättchen
1 Pck. (25 g) gehackte Pistazienkerne
50 g fein gehacktes Orangeat
50 g abgezogene, gemahlene Mandeln

Zum Bestäuben:
1–2 EL Puderzucker

1 Für den Teig Mehl mit Speisestärke und Backpulver mischen, in eine verschließbare Schüssel (3-Liter-Inhalt) sieben, mit Zucker mischen. Eier, Butter oder Margarine und Milch hinzufügen. Schüssel mit dem Deckel fest verschließen.

2 Mehrmals (insgesamt 15–30 Sekunden) kräftig schütteln, so dass alle Zutaten gut vermischt sind. Alles mit einem Schneebesen oder Rührlöffel nochmals sorgfältig durchrühren, damit vor allem trockene Zutaten vom Rand mit untergerührt werden.

3 Den Teig dritteln. Ein Teigdrittel mit Haselnusskernen und Schokoblättchen verrühren, in eine Kastenform (30 x 11 cm, gefettet) füllen und glatt streichen.

4 Das zweite Teigdrittel mit Pistazienkernen verrühren, auf den Haselnuss-Schokoteig geben und glatt streichen.

5 Orangeat und Mandeln unter den restlichen Teig rühren, auf den Pistazienteig geben und glatt streichen. Die Form auf dem Rost in den Backofen schieben.

Ober-/Unterhitze: etwa 180 °C (vorgeheizt)
Heißluft: etwa 160 °C (nicht vorgeheizt)
Gas: Stufe 2–3 (nicht vorgeheizt)
Backzeit: 50–60 Minuten.

(Fortsetzung Seite 14)

Zubereitungszeit:
70 Minuten

Insgesamt:
E: 88 g, F: 243 g, Kh: 468 g,
kJ: 19173, kcal: 4577

RAFFINIERT

6 Den Kuchen etwa 10 Minuten in der Form auf einem Kuchenrost abkühlen lassen. Dann aus der Form lösen und auf dem Kuchenrost erkalten lassen.

7 Den Kuchen mit Puderzucker bestäuben.

Bitter-Lemon-Kuchen

Zutaten

Für den Teig:
300 g Weizenmehl
50 g Speisestärke
3 gestr. TL Backpulver
170 g Zucker
1 TL Finesse Geriebene Zitronenschale
4 Eier (Größe M)
150 g zerlassene, abgekühlte Butter oder Margarine
150 ml Bitter Lemon

Für die Füllung:
1 Pck. Fruttina Zitrone (Fruchtpudding)
100 g Zucker
400 ml Bitter Lemon
1 EL gesiebter Puderzucker
2 Pck. Sahnesteif
250 g Mascarpone (italienischer Frischkäse)

Zum Bestreuen:
Raspelschokolade

Zubereitungszeit:
70 Minuten, ohne Kühlzeit

Insgesamt:
E: 75 g, F: 258 g, Kh: 689 g,
kJ: 23234, kcal: 5544

FRUCHTIG

1 Für den Teig Mehl mit Speisestärke und Backpulver mischen, in eine verschließbare Schüssel (3-Liter-Inhalt) sieben, mit Zucker und Zitronenschale mischen. Eier, Butter oder Margarine und Bitter Lemon hinzufügen. Schüssel mit dem Deckel fest verschließen.

2 Mehrmals (insgesamt 15–30 Sekunden) kräftig schütteln, so dass alle Zutaten gut vermischt sind. Alles mit einem Schneebesen oder Rührlöffel nochmals sorgfältig durchrühren, damit vor allem trockene Zutaten vom Rand mit untergerührt werden. Den Teig in eine Kastenform (30 x 11 cm, gefettet) füllen und glatt streichen. Die Form auf dem Rost in den Backofen schieben.

Ober-/Unterhitze: etwa 180 °C (vorgeheizt)
Heißluft: etwa 160 °C (nicht vorgeheizt)
Gas: Stufe 2–3 (nicht vorgeheizt)
Backzeit: 50–60 Minuten.

3 Die Form auf einen Kuchenrost stellen. Den Gebäckboden etwa 10 Minuten in der Form stehen lassen, dann aus der Form lösen und auf dem Kuchenrost erkalten lassen.

4 Für die Füllung Pudding-Pulver mit Zucker mischen und mit 6 Esslöffeln von dem Bitter Lemon verrühren. Restliches Bitter Lemon in einem Topf zum Kochen bringen, von der Kochstelle nehmen. Angerührtes Pudding-Pulver einrühren und unter Rühren nochmals kurz aufkochen lassen. Den Pudding in eine Schüssel geben. Frischhaltefolie direkt auf den Pudding legen. Erkalten lassen.

5 Puderzucker und Sahnesteif mischen. Mascarpone kurz aufschlagen, Puderzuckermischung unter Rühren dazugeben, Mascarpone steif schlagen. Den Pudding esslöffelweise unterrühren.

6 Den Gebäckboden dreimal waagerecht durchschneiden. Die Mascarpone-Zitronen-Creme (4 Esslöffel in einen Spritzbeutel mit kleiner Lochtülle füllen) auf die 3 unteren Böden streichen und mit dem vierten Boden zu einem Kuchen zusammensetzen. Den Kuchen mit der Mascarpone-Zitronen-Creme aus dem Spritzbeutel verzieren. Mit Raspelschokolade bestreuen. Kuchen etwa 2 Stunden kalt stellen.

Kokos-Kastenkuchen

Zutaten

Für den Teig:
100 g Weizenmehl
100 g Speisestärke
3 gestr. TL Backpulver
200 g gesiebter Puderzucker
2 Pck. Vanillin-Zucker
4 Eier (Größe M)
200 ml Speiseöl
200 ml Schlagsahne
100 g Kokosraspel

Kokosraspel für die Form

Nach Belieben zum Bestäuben:
Puderzucker

Zubereitungszeit:
30 Minuten

Insgesamt:
E: 53 g, F: 351 g, Kh: 392 g,
kJ: 21225, kcal: 5071

FÜR KINDER

1 Für den Teig Mehl mit Speisestärke und Backpulver mischen, in eine verschließbare Schüssel (3-Liter-Inhalt) sieben, mit Puder- und Vanillin-Zucker mischen. Eier, Speiseöl und Sahne hinzufügen. Schüssel mit dem Deckel fest verschließen.

2 Mehrmals (insgesamt 15–30 Sekunden) kräftig schütteln, so dass alle Zutaten gut vermischt sind. Kokosraspel unterrühren. Alles mit einem Schneebesen oder Rührlöffel nochmals sorgfältig durchrühren, damit vor allem trockene Zutaten vom Rand mit untergerührt werden.

3 Den Teig in eine Kastenform (25 x 11 cm, gefettet, mit Kokosraspeln ausgestreut) geben und glatt streichen. Die Form auf dem Rost in den Backofen schieben.

Ober-/Unterhitze: etwa 180 °C (vorgeheizt)
Heißluft: etwa 160 °C (nicht vorgeheizt)
Gas: Stufe 2–3 (nicht vorgeheizt)
Backzeit: etwa 55 Minuten.

4 Den Kuchen etwa 10 Minuten in der Form stehen lassen, aus der Form lösen, herausnehmen und auf einem mit Backpapier belegtem Kuchenrost erkalten lassen.

5 Den Kuchen nach Belieben mit Puderzucker bestäuben.

Tipp: *Der Kuchen hält sich in Folie verpackt und gekühlt etwa 8 Tage frisch. Er lässt sich auch sehr gut einfrieren. Sie können den Kuchen auch mit einem roten Puderzuckerguss überziehen. Dafür 150 g gesiebten Puderzucker mit 2–3 Esslöffeln Rotwein verrühren.*

Orangen-Gugelhupf

Zutaten

Für den Teig:
250 g Weizenmehl
1 Pck. Backpulver
1 Pck. Pudding-Pulver
Vanille-Geschmack
200 g Zucker
1 Pck. Bourbon-Vanille-Zucker
1 Prise Salz
5 Eier (Größe M)
Saft und Schale von 1 Orange
und 1 Zitrone (unbehandelt)
250 g zerlassene, abgekühlte
Butter oder Margarine

Zum Tränken und Garnieren:
Saft und Schale von
1 Orange (unbehandelt)
1 Pck. Bourbon-Vanille-Zucker
2 Sternanis
100 ml Orangenlikör
3 EL Zucker
1 Topf Zitronenmelisse

Zubereitungszeit:
50 Minuten, ohne Abkühlzeit

Insgesamt:
E: 74 g, F: 247 g, Kh: 520 g,
kJ: 20523, kcal: 4904

MIT ALKOHOL

1 Für den Teig Mehl, Backpulver und Pudding-Pulver mischen, in eine verschließbare Schüssel (3-Liter-Inhalt) sieben, mit Zucker, Vanille-Zucker und Salz mischen. Eier, Schale und Saft von der Orange und Zitrone und Butter oder Margarine hinzufügen. Schüssel mit dem Deckel fest verschließen.

2 Mehrmals (insgesamt 15–30 Sekunden) kräftig schütteln, so dass alle Zutaten gut vermischt sind. Alles mit einem Schneebesen oder Rührlöffel nochmals kräftig durchrühren, damit vor allem trockene Zutaten vom Rand mit untergerührt werden.

3 Den Teig in eine Gugelhupfform (Ø 22 cm, gefettet, mit Semmelbröseln ausgestreut) geben und glatt streichen. Die Form auf dem Rost in den Backofen schieben.

Ober-/Unterhitze: etwa 180 °C (vorgeheizt)
Heißluft: etwa 160 °C (nicht vorgeheizt)
Gas: Stufe 2–3 (nicht vorgeheizt)
Backzeit: etwa 50 Minuten.

4 Zum Tränken und Garnieren Orange gründlich waschen, abtrocknen. Die Orange mit einem Zestenreißer schälen. Orange halbieren und den Saft auspressen.

5 Orangensaft, -schale , Vanille-Zucker und Sternanis in einem kleinen Topf aufkochen, von der Kochstelle nehmen und Orangenlikör unterrühren.

6 Orangenschalen mit einem Schaumlöffel herausnehmen und auf Küchenpapier abtropfen lassen.

7 Die Form auf einen Kuchenrost stellen. Den Kuchen mit einem Holzstäbchen mehrmals einstechen und mit der Hälfte des Orangen-Gewürz-Suds tränken. Den Kuchen aus der Form lösen und vorsichtig auf einen mit Backpapier belegten Kuchenrost stürzen. Die Kuchenoberfläche nochmals mit einem Holzstäbchen einstechen und mit dem restlichen Orangen-Gewürz-Sud tränken. Kuchen erkalten lassen.

8 Die abgetropften Orangenschalen in dem Zucker wälzen. Melisse abspülen, trockentupfen. Den Kuchen mit den gezuckerten Orangenschalen, Sternanis und Melisse garnieren.

Mohn-Zebrakuchen

Zutaten

Für den Teig:
250 g Weizenmehl
3 gestr. TL Backpulver
120 g Zucker
2 Pck. Bourbon-Vanille-Zucker
3 Eier (Größe M)
150 g zerlassene, abgekühlte Butter oder Margarine
125 g Mohnsamen

Zum Bestäuben:
1 EL Puderzucker

Zubereitungszeit:
35 Minuten

Insgesamt:
E: 75 g, F: 199 g, Kh: 351 g,
kJ: 15178, kcal: 3627

GUT VORZUBEREITEN – EINFACH

1 Für den Teig Mehl mit Backpulver mischen, in eine verschließbare Schüssel (3-Liter-Inhalt) sieben, mit Zucker und Vanille-Zucker mischen. Eier und Butter oder Margarine hinzufügen. Schüssel mit dem Deckel fest verschließen.

2 Mehrmals (insgesamt 15–30 Sekunden) kräftig schütteln, so dass alle Zutaten gut vermischt sind. Alles mit einem Schneebesen oder Rührlöffel nochmals sorgfältig durchrühren, damit vor allem trockene Zutaten vom Rand mit untergerührt werden.

3 Den Teig halbieren. Unter eine Teighälfte die Mohnsamen heben. Abwechselnd jeweils einen Esslöffel von den 2 Teigen in eine Gugelhupfform (Ø 22 cm, gefettet, gemehlt) geben. Die Form auf dem Rost in den Backofen schieben.

Ober/Unterhitze: etwa 180 °C (vorgeheizt)
Heißluft: etwa 160 °C (nicht vorgeheizt)
Gas: Stufe 2–3 (nicht vorgeheizt)
Backzeit: etwa 50 Minuten.

4 Den Kuchen etwa 10 Minuten in der Form auf einen Kuchenrost stellen, dann aus der Form lösen und auf den mit Backpapier belegten Kuchenrost stürzen. Kuchen erkalten lassen. Mit Puderzucker bestäuben.

Tipp: *Der Kuchen lässt sich sehr gut einfrieren. Sie können den Kuchen auch mit einem Puderzuckerguss überziehen. Dafür 150 g gesiebten Puderzucker mit etwa 2 Esslöffeln Zitronensaft zu einer dickflüssigen Masse verrühren. Den Kuchen damit überziehen und den Guss fest werden lassen.*

Karamell-Gugelhupf

Zutaten

Zum Vorbereiten:
150 g Florentiner-Plätzchen

Für den Teig:
250 g Weizenmehl
2 Pck. Pudding-Pulver, Gala Echt Karamell
3 gestr. TL Backpulver
170 g Zucker
1 Pck. Vanillin-Zucker
5 Eier (Größe M)
250 g zerlassene, abgekühlte Butter oder Margarine
100 ml Schlagsahne

Zum Bestreichen:
150 g Orangenmarmelade

Zubereitungszeit:
70 Minuten, ohne Abkühlzeit

Insgesamt:
E: 82 g, F: 318 g, Kh: 581 g,
kJ: 23854, kcal: 5699

EINFACH

1 Zum Vorbereiten Florentiner-Plätzchen mit einem Messer fein hacken. Ein Drittel davon zum Garnieren beiseite legen.

2 Für den Teig Mehl mit Pudding-Pulver und Backpulver mischen, in eine verschließbare Schüssel (3-Liter-Inhalt) sieben, mit Zucker und Vanillin-Zucker mischen. Eier, Butter oder Margarine und Sahne hinzufügen. Schüssel mit dem Deckel fest verschließen.

3 Mehrmals (insgesamt 15–30 Sekunden) kräftig schütteln, so dass alle Zutaten gut vermischt sind. Florentinerstückchen hinzugeben. Alles mit einem Schneebesen oder Rührlöffel nochmals sorgfältig durchrühren, damit vor allem trockene Zutaten vom Rand mit untergerührt werden.

4 Den Teig in eine Gugelhupfform (Ø 22 cm, gefettet) füllen und glatt streichen. Die Form auf dem Rost in den Backofen schieben.

Ober-/Unterhitze: etwa 180 °C (vorgeheizt)
Heißluft: etwa 160 °C (nicht vorgeheizt)
Gas: Stufe 2–3 (nicht vorgeheizt)
Backzeit: 45–55 Minuten.

5 Den Kuchen etwa 10 Minuten in der Form stehen lassen, dann aus der Form lösen und auf einem Kuchenrost erkalten lassen.

6 Zum Bestreichen Marmelade durch ein Sieb streichen und in einem kleinen Topf erhitzen. Den Kuchen damit bestreichen.

7 Die beiseite gelegten Florentinerstückchen auf dem Kuchen verteilen und leicht andrücken. Marmelade trocknen lassen.

Tipp: *Sie können den Gugelhupf auch mit einem Orangen-Puderzucker-Guss überziehen. Dafür 150 g gesiebten Puderzucker mit 2–3 Esslöffeln Orangensaft und 1 Päckchen Finesse-Orangenfrucht verrühren. Den Gugelhupf damit überziehen. Guss fest werden lassen.*

Schichtkäsekuchen

Zutaten

Zum Vorbereiten:
100 g Butterkekse
½ gestr. TL gemahlener Zimt
½ gestr. TL gemahlener Ingwer
½ TL Finesse Geriebene Zitronenschale

Für den Teig:
250 g Weizenmehl
3 gestr. TL Backpulver
150 g Zucker
3 Eier (Größe M)
200 g zerlassene, abgekühlte Butter oder Margarine
1 Pck. (500 g) Schichtkäse (20 % Fett)

Für den Guss:
100 g gesiebter Puderzucker
1–2 EL Zitronensaft
1 TL gemahlener Zimt

Zubereitungszeit:
30 Minuten, ohne Abkühlzeit

Insgesamt:
E: 121 g, F: 226 g, Kh: 512 g, kJ: 19819, kcal: 4733

EINFACH

1 Zum Vorbereiten Butterkekse in einen Gefrierbeutel geben, Beutel fest verschließen. Butterkekse mit einer Teigrolle fein zerbröseln. Keksbrösel in eine große Schüssel geben, mit Zimt, Ingwer und Zitronenschale mischen.

2 Für den Teig Mehl mit Backpulver mischen, in eine verschließbare Schüssel (3-Liter-Inhalt) sieben, mit Zucker mischen. Eier und Butter oder Margarine hinzufügen. Schüssel mit dem Deckel fest verschließen.

3 Mehrmals (insgesamt 15–30 Sekunden) kräftig schütteln, so dass alle Zutaten gut vermischt sind. Alles mit einem Schneebesen oder Rührlöffel nochmals sorgfältig durchrühren, damit vor allem trockene Zutaten vom Rand mit untergerührt werden.

4 Zwei Esslöffel Teig in eine quadratische Backform (23 x 23 cm, 2 l Inhalt, gefettet) geben und glatt streichen.

5 Schichtkäse mit einem Teelöffel abstechen, zu den Keksbröseln geben und gut vermischen. Die Schichtkäse-Brösel-Mischung unter den restlichen Teig heben, ebenfalls in die Form geben und glatt streichen. Die Form auf dem Rost in den Backofen schieben.

Ober-/Unterhitze: etwa 180 °C (vorgeheizt)
Heißluft: etwa 160 °C (nicht vorgeheizt)
Gas: Stufe 2–3 (nicht vorgeheizt)
Backzeit: 40–50 Minuten.

6 Den Kuchen etwa 10 Minuten in der Form stehen lassen, dann aus der Form lösen und auf einen Kuchenrost stürzen. Kuchen erkalten lassen.

7 Für den Guss Puderzucker und Zitronensaft zu einer geschmeidigen Masse verrühren. Zwei Esslöffel von dem Guss abnehmen und mit Zimt verrühren. Den Zimtguss in einen kleinen Gefrierbeutel füllen, eine kleine Ecke abschneiden. Restlichen Zitronenguss auf den Kuchen streichen. Zimtguss in Streifen darauf spritzen und mit einem Holzstäbchen Muster in den Guss ziehen. Guss fest werden lassen.

Tipp: *Anstelle der quadratischen Backform kann auch ein Backrahmen auf ein Backblech gestellt werden (25 x 22 cm, gefettet) oder eine Springform (Ø 26 cm, gefettet) verwendet werden.*

Mandelkuchen

Zutaten

Für den Teig:
150 g Weizenmehl
75 g Speisestärke
1 Pck. Backpulver
250 g gesiebter Puderzucker
1 Pck. Bourbon-Vanille-Zucker
1 Prise Salz
5 Eier (Größe M)
125 ml (⅛ l) Eierlikör
125 ml (⅛ l) Amaretto (italienischer Mandellikör)
4 Tropfen Bittermandel-Aroma
200 ml Sonnenblumenöl
50 g abgezogene, gemahlene Mandeln

Für den Belag:
50 g Schokoröllchen
50 g abgezogene, gehobelte Mandeln
50 g Amarettini (italienisches Mandelgebäck)

Zum Bestäuben:
2 EL Puderzucker

Zubereitungszeit:
45 Minuten

Insgesamt:
E: 92 g, F: 318 g, Kh: 593 g, kJ: 26066, kcal: 6222

MIT ALKOHOL

1 Für den Teig Mehl mit Speisestärke und Backpulver mischen, in eine verschließbare Schüssel (3-Liter-Inhalt) sieben, mit Puderzucker, Vanille-Zucker und Salz mischen. Eier, Eierlikör, Amaretto, Aroma und Sonnenblumenöl hinzufügen. Schüssel mit dem Deckel fest verschließen.

2 Mehrmals (insgesamt 15–30 Sekunden) kräftig schütteln, so dass alle Zutaten gut vermischt sind. Mandeln hinzugeben. Alles mit einem Schneebesen oder Rührlöffel nochmals sorgfältig durchrühren, damit vor allem trockene Zutaten vom Rand mit untergerührt werden.

3 Den Teig in eine Springform (Ø 26 cm, gefettet) geben und glatt streichen. Jeweils die Hälfte der Schokoröllchen, Mandeln und Amarettini darauf streuen und vorsichtig mit Hilfe einer Gabel unterheben. Die restlichen Schokoröllchen, Mandeln und Amarettini darauf streuen. Die Form auf dem Rost in den Backofen schieben.

Ober-/Unterhitze: etwa 180 °C (vorgeheizt)
Heißluft: etwa 160 °C (nicht vorgeheizt)
Gas: Stufe 2–3 (nicht vorgeheizt)
Backzeit: etwa 45 Minuten.

4 Den Kuchen aus der Form lösen, aber auf dem Springformboden etwas abkühlen lassen. Dann auf einen mit Backpapier belegten Kuchenrost legen und erkalten lassen. Kuchen mit Puderzucker bestäuben.

Beigabe: Halbsteif geschlagene Sahne.

Tipp: *Sehr saftig wird der Mandelkuchen, wenn Sie statt Eierlikör 125 ml (⅛ l) Speiseöl verwenden. Servieren Sie den Kuchen mit Eierlikörsahne. Dafür 250 ml (¼ l) Sahne steif schlagen und 2 Esslöffel Eierlikör unterheben.*

Obstkuchen mit Mandarinen

Zutaten

Für den Teig:
150 g Weizenmehl
1 Pck. Backpulver
100 g Zucker
1 Pck. Vanilin-Zucker
1 Prise Salz
3 Eier (Größe M)
100 g zerlassene, abgekühlte Butter oder Margarine

Für den Belag:
2 Dosen Mandarinen (Abtropfgewicht je 175 g)
2 Pck. Paradies Creme Pfirsich-Geschmack
500 ml (½ l) Schlagsahne
150 ml Mandarinensaft
40 g gebräunte, gehobelte Mandeln

Zubereitungszeit:
50 Minuten, ohne Kühlzeit

Insgesamt:
E: 64 g, F: 290 g, Kh: 402 g, kJ: 19434, kcal: 4672

FÜR KINDER

1 Für den Teig Mehl mit Backpulver mischen, in eine verschließbare Schüssel (3-Liter-Inhalt) sieben, mit Zucker, Vanillin-Zucker und Salz mischen. Eier und Butter oder Margarine hinzufügen. Schüssel mit dem Deckel fest verschließen.

2 Mehrmals (insgesamt 15–30 Sekunden) kräftig schütteln, so dass alle Zutaten gut vermischt sind. Alles mit einem Schneebesen oder Rührlöffel nochmals sorgfältig durchrühren, damit vor allem trockene Zutaten vom Rand mit untergerührt werden.

3 Den Teig in eine Tortenbodenform (Ø 28 cm, gefettet und gemehlt) geben und glatt streichen. Die Form auf dem Rost in den Backofen schieben.

Ober-/Unterhitze: etwa 180 °C (vorgeheizt)
Heißluft: etwa 160 °C (vorgeheizt)
Gas: Stufe 2–3 (vorgeheizt)
Backzeit: etwa 20 Minuten.

4 Den Tortenboden aus der Form lösen und auf einen Kuchenrost stürzen. Tortenboden erkalten lassen.

5 Für den Belag Mandarinen in einem Sieb abtropfen lassen, den Saft dabei auffangen und 150 ml davon abmessen.

6 Paradies Creme mit der angegebenen Sahne nach Packungsanleitung zubereiten. Den abgemessenen Mandarinensaft unterrühren.

7 Mandarinen auf den Tortenboden legen. Die Paradies Creme kuppelartig darauf verteilen, mit gehobelten Mandeln bestreuen. Die Torte etwa 1 Stunde kalt stellen.

Tipp: *Der Kuchen schmeckt auch sehr lecker, wenn Sie für den Belag die Mandarinen durch Aprikosen- oder Pfirsichstücke ersetzen. Statt in einer Tortenbodenform, kann der Tortenboden auch in einer Springform (Ø 26 cm, Boden gefettet, mit Backpapier belegt) gebacken werden.*

Birnenkuchen

Zutaten

Zum Vorbereiten:
1 Dose Birnenhälften (Abtropfgewicht 455 g), z. B. Williams-Christ-Birnen

Für den Teig:
250 g Weizenmehl
3 gestr. TL Backpulver
½ TL gemahlener Zimt
100 g Zucker
100 g Haselnusskrokant
3 Eier (Größe M)
150 g zerlassene, abgekühlte Butter oder Margarine
125 ml (⅛ l) Milch

Zum Aprikotieren:
100 g Aprikosenkonfitüre

Zum Verzieren:
100 g Nuss-Nougat oder Haselnussglasur

Zubereitungszeit:
80 Minuten, ohne Abkühlzeit

Insgesamt:
E: 69 g, F: 189 g, Kh: 523 g, kJ: 17626, kcal: 4213

FRUCHTIG

1 Zum Vorbereiten Birnenhälften in ein Sieb geben und abtropfen lassen. Birnenhälften in Würfel schneiden.

2 Für den Teig Mehl mit Backpulver und Zimt mischen, in eine verschließbare Schüssel (3-Liter-Inhalt) sieben, mit Zucker und Krokant mischen. Eier, Butter oder Margarine und Milch hinzufügen. Schüssel mit dem Deckel fest verschließen.

3 Mehrmals (insgesamt 15–30 Sekunden) kräftig schütteln, so dass alle Zutaten gut vermischt sind. Alles mit einem Schneebesen oder Rührlöffel nochmals sorgfältig durchrühren, damit vor allem trockene Zutaten vom Rand mit untergerührt werden.

4 Den Teig in eine Springform (Ø 26 cm, Boden gefettet) füllen und glatt streichen. Die Birnenwürfel darauf verteilen. Die Form auf dem Rost in den Backofen schieben.

Ober-/Unterhitze: etwa 180 °C (vorgeheizt)
Heißluft: etwa 160 °C (nicht vorgeheizt)
Gas: Stufe 2–3 (nicht vorgeheizt)
Backzeit: 50–60 Minuten.

5 Die Form auf einen Kuchenrost stellen. Den Kuchen etwas abkühlen lassen. Dann aus der Form lösen und auf dem Kuchenrost erkalten lassen.

6 Zum Aprikotieren Konfitüre durch ein Sieb streichen, in einem kleinen Topf unter Rühren zum Kochen bringen. Die Konfitüre mit Hilfe eines Pinsels auf die Birnenwürfel streichen. Erkalten lassen.

7 Zum Verzieren Nougat oder Kuchenglasur nach Packungsanleitung in einem kleinen Topf im Wasserbad schmelzen. Nougat oder Kuchenglasur in einen kleinen Gefrierbeutel füllen, eine kleine Ecke abschneiden. Den Kuchen mit Nougat oder Kuchenglasur verzieren.

Tipp: *Zusätzlich etwas gehackte, weiße Schokolade auf den Kuchen streuen.*

Apfelkuchen mit Cidre

Zutaten

Für den Belag:
500 g Äpfel (z. B. Elstar)
350 ml Cidre (Apfelwein)

Für den Teig:
200 g Weizenmehl
2 gestr. TL Backpulver
70 g Zucker
1 Pck. Vanillin-Zucker
2 Eier (Größe M)
125 g zerlassene, abgekühlte Butter oder Margarine
6 EL Milch
70 g Rosinen

Für den Guss:
1 Pck. Tortenguss, klar
2 gestr. EL Zucker
30 g Rosinen

Zubereitungszeit:
50 Minuten, ohne Ruhe- und Kühlzeit

Insgesamt:
E: 44 g, F: 123 g, Kh: 382 g, kJ: 12792, kcal: 3055

MIT ALKOHOL

1 Für den Belag Äpfel schälen, vierteln, entkernen und quer in Scheiben schneiden. Apfelscheiben in eine Schüssel geben und mit Cidre mischen, zugedeckt etwa 1 Stunde stehen lassen.

2 Für den Teig Mehl mit Backpulver mischen, in eine verschließbare Schüssel (3-Liter-Inhalt) sieben, mit Zucker und Vanillin-Zucker mischen. Eier, Butter oder Margarine und Milch hinzufügen. Schüssel mit dem Deckel fest verschließen.

3 Mehrmals (insgesamt 15–30 Sekunden) kräftig schütteln, so dass alle Zutaten gut vermischt sind. Rosinen hinzugeben. Alles mit einem Schneebesen oder Rührlöffel nochmals sorgfältig durchrühren, damit vor allem trockene Zutaten vom Rand mit untergerührt werden.

4 Apfelscheiben in einem Sieb abtropfen lassen, die Cidreflüssigkeit dabei auffangen und 250 ml (¼ l) davon abmessen.

5 Den Teig in eine Springform (Ø 26 cm, Boden gefettet) geben und glatt streichen. Apfelscheiben darauf verteilen. Die Form auf dem Rost in den Backofen schieben.

Ober-/Unterhitze: etwa 200 °C (vorgeheizt)
Heißluft: etwa 180 °C (nicht vorgeheizt)
Gas: Stufe 3–4 (nicht vorgeheizt)
Backzeit: 35–40 Minuten.

6 Die Form auf einen Kuchenrost stellen. Den Kuchen erkalten lassen. Dann aus der Form lösen und auf eine Tortenplatte legen. Einen Tortenring oder den gesäuberten Springformrand darumstellen.

7 Für den Guss aus Tortengusspulver, Zucker und der abgemessenen Cidreflüssigkeit nach Packungsanleitung einen Guss zubereiten. Rosinen unterrühren. Den Guss von der Mitte aus gleichmäßig auf den Apfelscheiben verteilen. Den Kuchen etwa 2 Stunden kalt stellen.

8 Den Tortenring oder Springformrand lösen und entfernen.

Pumpernickelkuchen mit Mandarinen

Zutaten

Zum Vorbereiten:
1 Pck. (250 g) Pumpernickel

Für den Teig:
100 g Weizenmehl
2 gestr. TL Backpulver
120 g Zucker
1 Pck. Vanillin-Zucker
½ Pck. Finesse Orangenfrucht
2 Eier (Größe M)
100 g zerlassene, abgekühlte Butter oder Margarine
6 EL Orangensaft

Für den Belag:
2 Dosen Mandarinen (Abtropfgewicht je 175 g)
250 g Mascarpone (italienischer Frischkäse)
½ TL Finesse Orangenfrucht
250 g Magerquark
1 Pck. Sahnesteif
80 g gesiebter Puderzucker
2–3 EL Orangensaft

Zubereitungszeit:
50 Minuten, ohne Kühlzeit

Insgesamt:
E: 87 g, F: 205 g, Kh: 473 g, kJ: 17723, kcal: 4236

RAFFINIERT

1 Zum Vorbereiten Pumpernickel in kleine Stücke brechen und fein hacken.

2 Für den Teig Mehl mit Backpulver mischen, in eine verschließbare Schüssel (3-Liter-Inhalt) sieben, mit Zucker, Vanillin-Zucker und Orangenfrucht mischen. Eier, Butter oder Margarine und Orangensaft hinzufügen. Schüssel mit dem Deckel fest verschließen.

3 Mehrmals (insgesamt 15–30 Sekunden) kräftig schütteln, so dass alle Zutaten gut vermischt sind. Pumpernickelbrösel hinzugeben. Alles mit einem Schneebesen oder Rührlöffel nochmals sorgfältig durchrühren, damit vor allem trockene Zutaten vom Rand mit untergerührt werden.

4 Den Teig in eine Springform (Ø 26 cm, Boden gefettet) geben und glatt streichen. Die Form auf dem Rost in den Backofen schieben.

Ober-/Unterhitze: etwa 180 °C (vorgeheizt)
Heißluft: etwa 160 °C (nicht vorgeheizt)
Gas: Stufe 2–3 (nicht vorgeheizt)
Backzeit: 35–40 Minuten.

5 Die Form auf einen Kuchenrost stellen, den Gebäckboden 10 Minuten in der Form stehen lassen, dann vorsichtig lösen. Gebäckboden auf einem Kuchenrost erkalten lassen. Einen Tortenring oder den gesäuberten Springformrand darumstellen.

6 Für den Belag Mandarinen in einem Sieb gut abtropfen lassen. Die Hälfte der Mandarinen auf dem Gebäckboden verteilen.

7 Mascarpone, Orangenfrucht und Quark gut verrühren. Sahnesteif und Puderzucker mischen, zur Quarkmasse geben und cremig rühren. Orangensaft unterrühren. Die Mascarpone-Creme auf den Gebäckboden geben und glatt streichen. Die restlichen Mandarinen darauf verteilen. Kuchen etwa 1 Stunde kalt stellen. Tortenring oder den gesäuberten Springformrand lösen und entfernen.

Tipp: *Zusätzlich 2 Esslöffel Orangenmarmelade durch ein Sieb streichen, in einem kleinen Topf unter Rühren aufkochen und auf den Gebäckboden streichen. Danach Mandarinen und Mascarpone-Creme darauf geben.*

Mirabellen-Mohn-Kuchen

Zutaten

Zum Vorbereiten:
1 Glas entsteinte Mirabellen (Abtropfgewicht 360 g)

Für den Teig:
250 g Weizenmehl
2 gestr. TL Backpulver
150 g Zucker
1 Pck. Vanillin-Zucker
5 EL (50 g) Mohnsamen
4 Eier (Größe M)
125 g zerlassene, abgekühlte Butter oder Margarine
250 g Speisequark (20 %)

Für den Belag:
200 ml Milch
100 ml Schlagsahne
1 Pck. Paradies Creme Zitronen-Geschmack, ohne Kochen
4 EL Mirabellensaft

Zum Garnieren und Bestreuen:
Schale von ½ Zitrone (unbehandelt)
1–2 EL Mohnsamen

Zubereitungszeit:
etwa 40 Minuten, ohne Kühlzeit

Insgesamt:
E: 115 g, F: 221 g, Kh: 540 g, kJ: 20072, kcal: 4791

PREISWERT

1 Zum Vorbereiten Mirabellen in einem Sieb abtropfen lassen, den Saft dabei auffangen.

2 Für den Teig Mehl mit Backpulver mischen, in eine verschließbare Schüssel (3-Liter-Inhalt) sieben, mit Zucker, Vanillin-Zucker und Mohn mischen. Eier, Butter oder Margarine und Quark hinzufügen. Schüssel mit dem Deckel fest verschließen.

3 Mehrmals (insgesamt 15–30 Sekunden) kräftig schütteln, so dass alle Zutaten gut vermischt sind. Alles mit einem Schneebesen oder Rührlöffel nochmals sorgfältig durchrühren, damit vor allem trockene Zutaten vom Rand mit untergerührt werden.

4 Die Hälfte des Teiges in eine Springform (Ø 26 cm, Boden gefettet) geben und glatt streichen. Mirabellen darauf verteilen, evtl. große Früchte halbieren. Restlichen Teig darauf verteilen. Die Form auf dem Rost in den Backofen schieben.

Ober-/Unterhitze: etwa 180 °C (vorgeheizt)
Heißluft: etwa 160 °C (nicht vorgeheizt)
Gas: Stufe 2-3 (nicht vorgeheizt)
Backzeit: 40–50 Minuten.

5 Den Kuchen 10 Minuten in der Form stehen lassen, dann aus der Form lösen und auf einem Kuchenrost erkalten lassen. Den Kuchen auf eine Platte legen, einen Tortenring oder den gesäuberten Springformrand darumstellen.

6 Für den Belag Milch und Sahne in einen hohen Rührbecher geben. Paradies-Creme-Pulver hineingeben und mit Handrührgerät mit Rührbesen nach Packungsanleitung eine Creme zubereiten. Zuletzt den Mirabellensaft unterrühren.

7 Die Zitronen-Mirabellen-Creme auf den Kuchen geben, mit einem Löffel ein Muster ziehen, so dass eine Blüte entsteht. Den Kuchen etwa 1 Stunde kalt stellen. Tortenring oder Springformrand lösen und entfernen.

8 Zum Garnieren Zitrone heiß abspülen, mit einem Zestenreißer schmale Streifen schneiden. Den Kuchen vor dem Servieren mit Zitronenschalenstreifen garnieren und mit Mohn bestreuen.

Heidelbeer-Nektarinen-Kuchen

Zutaten

(Foto)
Zum Vorbereiten:
3 Nektarinen
200 g Heidelbeeren

Für den Teig:
250 g Weizenmehl
3 gestr. TL Backpulver
150 g gesiebter Puderzucker
1 Pck. Bourbon-Vanille-Zucker
1 Prise Salz
4 Eier (Größe M)
125 g zerlassene, abgekühlte Butter oder Margarine
200 g saure Sahne

Zum Bestäuben:
2 EL Puderzucker

Zubereitungszeit:
30 Minuten

Insgesamt:
E: 69 g, F: 153 g, Kh: 443 g, kJ: 14918, kcal: 3563

FRUCHTIG

1 Zum Vorbereiten Nektarinen waschen, abtrocknen, halbieren, Stein herauslösen. Nektarinenhälften in Spalten schneiden. Heidelbeeren verlesen, abspülen und in einem Sieb gut abtropfen lassen, mit Küchenpapier trockentupfen.

2 Für den Teig Mehl mit Backpulver mischen, in eine verschließbare Schüssel (3-Liter-Inhalt) sieben, mit Puderzucker, Vanille-Zucker und Salz mischen. Eier, Butter oder Margarine und Sahne hinzufügen. Schüssel mit dem Deckel fest verschließen.

3 Mehrmals (insgesamt 15–30 Sekunden) kräftig schütteln, so dass alle Zutaten gut vermischt sind. Alles mit einem Schneebesen oder Rührlöffel nochmals sorgfältig durchrühren, damit vor allem trockene Zutaten vom Rand mit untergerührt werden.

4 Den Teig in eine Tarteform (Ø 28 cm, gefettet) geben und glatt streichen. Nektarinenspalten und Heidelbeeren darauf verteilen. Die Form auf dem Rost in den Backofen schieben.

Ober-/Unterhitze: etwa 180 °C (vorgeheizt)
Heißluft: etwa 160 °C (nicht vorgeheizt)
Gas: Stufe 2–3 (nicht vorgeheizt)
Backzeit: 40–45 Minuten.

5 Die Form auf einen Kuchenrost stellen. Den Kuchen erkalten lassen und mit Puderzucker bestäuben.

Beigabe: Geschlagene Sahne (nach Belieben mit Orangenlikör aromatisiert).

Tipp: *Sie können statt der Tarteform auch eine Springform (Ø 26 cm, Boden gefettet) verwenden.*

Aprikosenkuchen

Zutaten

Zum Vorbereiten:
1 Dose Aprikosenhälften (Abtropfgewicht 240 g)

Für den Teig:
200 g Weizenmehl
3 gestr. TL Backpulver
4 Eier (Größe M)
1 Pck. Finesse Amaretto-Bittermandel-Aroma
150 ml Ahornsirup

1 Zum Vorbereiten Aprikosenhälften in einem Sieb abtropfen lassen.

2 Für den Teig Mehl mit Backpulver mischen, in eine verschließbare Schüssel (3-Liter-Inhalt) sieben. Eier, Aroma, Sirup und Butter oder Margarine hinzufügen. Schüssel mit dem Deckel fest verschließen.

3 Mehrmals (insgesamt 15-30 Sekunden) kräftig schütteln, so dass alle Zutaten gut vermischt sind. Alles mit einem Schneebesen oder Rührlöffel nochmals sorgfältig durchrühren, damit vor allem trockene Zutaten vom Rand mit untergerührt werden. *(Fortsetzung Seite 40)*

150 g zerlassene, abgekühlte Butter oder Margarine

Zum Bestreichen:
2 EL Aprikosenkonfitüre

Zubereitungszeit:
35 Minuten

Insgesamt
E: 56 g, F: 152 g, Kh: 332 g, kJ: 12703, kcal: 3034

EINFACH

4 Den Teig in eine Springform (26 cm, Boden gefettet) geben und glatt streichen. Die abgetropften Aprikosenhälften mit der Wölbung nach oben darauf verteilen. Die Form auf dem Rost in den Backofen schieben.

Ober-/Unterhitze: etwa 180 °C (vorgeheizt)
Heißluft: etwa 160 °C (nicht vorgeheizt)
Gas: Stufe 2–3 (nicht vorgeheizt)
Backzeit: etwa 40 Minuten.

5 Den Kuchen aus der Form lösen und auf einen Kuchenrost legen.

6 Zum Bestreichen Konfitüre gut verrühren. Den heißen Kuchen sofort damit bestreichen. Kuchen erkalten lassen.

lecker +schnell

Birnen-Crumble

Äpfel

Zutaten

Zum Vorbereiten:
40 g Amarettini o. andere Kekse
(italienisches Mandelgebäck)
1 Pck. Pudding-Pulver Mandel-Geschmack
500 ml (½ l) Milch
40 g Zucker

Für den Teig:
300 g Weizenmehl
2 gestr. TL Backpulver
150 g Zucker
2 Eier (Größe M)
125 g zerlassene, abgekühlte Butter oder Margarine

Mürb-teig

Für den Belag:
500 g rote Birnen | Äpfel

Zum Bestreuen:
30 g abgezogene, gehobelte Mandeln

Zubereitungszeit:
40 Minuten, ohne Abkühlzeit

Insgesamt:
E: 76 g, F: 156 g, Kh: 554 g, kJ: 17045, kcal: 4070

EINFACH

1 Zum Vorbereiten Amarettini in einen Gefrierbeutel geben, Beutel fest verschließen. Amarettini mit einer Teigrolle fein zerbröseln. Einen Pudding aus Pudding-Pulver, Milch und Zucker nach Packungsanleitung zubereiten. Amarettinibrösel unterrühren. Pudding erkalten lassen.

2 Für den Teig Mehl mit Backpulver mischen, in eine verschließbare Schüssel (3-Liter-Inhalt) sieben, mit Zucker mischen. Eier und Butter oder Margarine hinzufügen. Schüssel mit dem Deckel fest verschließen.

3 Mehrmals (insgesamt 15–30 Sekunden) kräftig schütteln, so dass alle Zutaten gut vermischt sind. Alles mit einem Schneebesen oder Rührlöffel nochmals sorgfältig durchrühren, damit vor allem trockene Zutaten vom Rand mit untergerührt werden. Den Teig mit Hilfe einer Gabel zu Streuseln verarbeiten.

4 Zwei Drittel der Teigstreusel in einer Tarteform (Ø 28 cm, gefettet, gemehlt) verteilen und gut andrücken. Pudding darauf geben und glatt streichen.

5 Für den Belag Birnen waschen, vierteln, entkernen und in Spalten schneiden. Birnenspalten dachziegelartig auf dem Pudding verteilen.

6 Die restlichen Teigstreusel und Mandeln darüber streuen. Die Form auf dem Rost in den Backofen schieben.

Ober-/Unterhitze: etwa 180 °C (vorgeheizt)
Heißluft: etwa 160 °C (nicht vorgeheizt)
Gas: Stufe 2–3 (nicht vorgeheizt)
Backzeit: etwa 50 Minuten.

7 Die Form auf einen Kuchenrost stellen. Den Kuchen erkalten lassen.

Süße Pizza mit Äpfeln und Weintrauben

Zutaten

Für den Teig:
300 g Weizenmehl
1 Pck. Trockenhefe
150 g Zucker
3 Eier (Größe M)
125 g zerlassene, abgekühlte Butter

Für den Schmandguss:
150 g Schmand
1 Eigelb (Größe M)
100 g gesiebter Puderzucker
abgeriebene Schale von 1 Zitrone (unbehandelt)

Für den Belag:
2 Äpfel, z. B. 1 grüner und 1 roter Apfel
Saft von 1 Zitrone
150 g blaue, kernlose Weintrauben

Zubereitungszeit:
35 Minuten,
ohne Teiggehzeit

Insgesamt:
E: 68 g, F: 164 g, Kh: 525 g,
kJ: 16696, kcal: 3987

FÜR GÄSTE – RAFFINIERT

1 Für den Teig Mehl in eine verschließbare Schüssel (3-Liter-Inhalt) sieben, mit Trockenhefe und Zucker sorgfältig vermischen. Eier und Butter hinzufügen. Schüssel mit dem Deckel fest verschließen.

2 Mehrmals (insgesamt 15–30 Sekunden) kräftig schütteln, so dass alle Zutaten gut vermischt sind. Alles mit einem Schneebesen oder Rührlöffel nochmals sorgfältig durchrühren, damit vor allem trockene Zutaten vom Rand mit untergerührt werden.

3 Den Teig in einer Pizza-Form (Ø 28 cm, gefettet) verteilen und zugedeckt an einem warmen Ort so lange gehen lassen, bis er sich sichtbar vergrößert hat (etwa 30 Minuten).

4 Für den Schmandguss Schmand in eine Schüssel geben. Schmand mit Eigelb, Puderzucker und Zitronenschale glatt rühren. Den Schmandguss auf den Teig geben und glatt streichen.

5 Für den Belag Äpfel waschen, abtrocknen, vierteln, entkernen und in dünne Spalten schneiden. Apfelspalten sofort mit Zitronensaft beträufeln. Weintrauben waschen, trockentupfen und entstielen. Apfelspalten und Weintrauben auf dem Schmandguss verteilen. Die Form auf dem Rost in den Backofen schieben.

Ober-/Unterhitze: etwa 200 °C (vorgeheizt)
Heißluft: etwa 180 °C (nicht vorgeheizt)
Gas: Stufe 3–4 (nicht vorgeheizt)
Backzeit: 30–35 Minuten.

6 Die Pizza auf einen Kuchenrost stellen, etwas abkühlen lassen und lauwarm servieren.

Tipp: *Sie können statt des Schmands auch einen Becher Crème fraîche verwenden.*

Preiselbeertarte mit Haferflockenkruste

Zutaten

(Foto)
Zum Vorbereiten für den Belag:
70 g Sonnenblumenkerne
30 g Zucker, 30 g Haferflocken
30 g Butterschmalz

Für den Teig:
200 g Weizenmehl
2 gestr. TL Backpulver
70 g Zucker
50 g Haferflocken
2 Eier (Größe M)
100 g zerlassenes, abgekühltes Butterschmalz, 6 EL Milch

Für den Belag:
1 Glas Preiselbeeren (Einwaage 400 g)
250 g Speisequark (20 %)
1 gestr. TL Finesse Geriebene Zitronenschale, 20 g Zucker

Zubereitungszeit:
50 Minuten, ohne Abkühlzeit

Insgesamt:
E: 99 g, F: 200 g, Kh: 452 g,
kJ: 17488, kcal: 4176

RAFFINIERT

1 Zum Vorbereiten Sonnenblumenkerne in einer Pfanne ohne Fett goldbraun rösten. Zucker, Haferflocken und Butterschmalz dazugeben und erhitzen, bis das Schmalz aufgesogen ist. Die Masse erkalten lassen und beiseite stellen.

2 Für den Teig Mehl mit Backpulver mischen, in eine verschließbare Schüssel (3-Liter-Inhalt) sieben, mit Zucker und Haferflocken mischen. Eier, Butterschmalz und Milch hinzufügen. Schüssel mit dem Deckel fest verschließen.

3 Mehrmals (insgesamt 15–30 Sekunden) kräftig schütteln, so dass alle Zutaten gut vermischt sind. Alles mit einem Schneebesen oder Rührlöffel nochmals sorgfältig durchrühren, damit vor allem trockene Zutaten vom Rand mit untergerührt werden.

4 Den Teig in eine Tarte- oder Springform (Ø 28 cm, gefettet, gemehlt) geben.

5 Für den Belag Preiselbeeren gleichmäßig auf den Teig streichen. Quark, Zitronenschale und Zucker verrühren und in Klecksen auf den Preiselbeeren verteilen. Die beiseite gestellte Haferflockenmasse darauf streuen. Die Form auf dem Rost in den Backofen schieben.

Ober-/Unterhitze: etwa 200 °C (vorgeheizt)
Heißluft: etwa 180 °C (nicht vorgeheizt)
Gas: Stufe 3–4 (nicht vorgeheizt)
Backzeit: etwa 40 Minuten.

6 Die Form auf einen Kuchenrost stellen. Den Kuchen lauwarm oder kalt servieren.

Geschüttelter Maulwurfkuchen

Zutaten

Für den Teig:
100 g gemahlene Haselnusskerne
100 g Raspelschokolade
1 Pck. Backpulver
125 g Zucker
5 Eier (Größe M)
100 g zerlassene, abgekühlte Butter oder Margarine

1 Für den Teig Haselnusskerne, Raspelschokolade, Backpulver und Zucker mischen und in eine verschließbare Schüssel (3-Liter-Inhalt) geben. Eier und Butter oder Margarine hinzufügen. Schüssel mit dem Deckel fest verschließen. Mehrmals (insgesamt 15–30 Sekunden) kräftig schütteln, so dass alle Zutaten gut vermischt sind. Alles mit einem Schneebesen oder Rührlöffel nochmals sorgfältig durchrühren, damit vor allem trockene Zutaten vom Rand mit untergerührt werden.

2 Den Teig in eine Springform (Ø 26 cm, mit Backpapier belegt) geben und glatt streichen. Die Form auf dem Rost in den Backofen schieben.

(Fortsetzung Seite 46)

Für die Füllung:
1 Glas Sauerkirschen
(Abtropfgewicht 360 g)
1 Pck. Tortenguss, rot
250 ml (¼ l) Sauerkirschsaft

500 ml (½ l) Schlagsahne
2 Pck. Sahnesteif
2 Pck. Vanillin-Zucker
3–4 EL Eierlikör

Puderzucker für den Rand

Zubereitungszeit:
40 Minuten

Insgesamt
E: 75 g, F: 352 g, Kh: 404 g,
kJ: 22391, kcal: 5348

MIT ALKOHOL

Ober-/Unterhitze: etwa 180 °C (vorgeheizt)
Heißluft: etwa 160 °C (vorgeheizt)
Gas: Stufe 2–3 (vorgeheizt)
Backzeit: etwa 25 Minuten.

3 Die Form auf einen Kuchenrost stellen. Den Gebäckboden 10 Minuten in der Form stehen lassen. Dann auf einen Kuchenrost stürzen und sofort wieder umdrehen. Den Gebäckboden erkalten lassen.

4 Für die Füllung Sauerkirschen in einem Sieb abtropfen lassen, den Saft dabei auffangen und 250 ml (¼ l) davon abmessen.

5 Aus Tortengusspulver und Sauerkirschsaft nach Packungsanleitung einen Guss zubereiten. Sauerkirschen unterheben. Die Sauerkirschmasse etwas abkühlen lassen.

6 Den Gebäckboden auf eine Platte legen und so aushöhlen, dass ein etwa 2 cm breiter Rand stehen bleibt. Das ausgehöhlte Gebäck fein zerbröseln und beiseite stellen. Die Kirschmasse in den ausgehöhlten Gebäckboden geben, glatt streichen.

7 Sahne mit Sahnesteif und Vanillin-Zucker steif schlagen, Eierlikör unterheben. Die Eierlikörsahne kuppelartig auf die Sauerkirschmasse geben. Die beiseite gestellten Gebäckbrösel auf der Eierlikörsahne verteilen. Den Gebäckrand mit Puderzucker bestäuben.

Himbeertarte mit Eiskonfekt

Zutaten

(Foto)
Für den Teig:
170 g Weizenmehl
2 gestr. TL Backpulver
2 gestr. EL Hartweizengrieß
150 g Zucker
3 Eier (Größe M)
125 g zerlassenes, abgekühltes Butterschmalz
2 EL Himbeergeist

Für die Füllung:
1 Pck. (300 g) TK-Himbeeren

2 EL Himbeergelee
1 Pck. (200 g) Eiskonfekt
Puderzucker zum Bestäuben

Zubereitungszeit:
25 Minuten

Insgesamt:
E: 55 g, F: 204 g, Kh: 475 g,
kJ: 17407, kcal: 4158

MIT ALKOHOL

1 Für den Teig Mehl mit Backpulver mischen, in eine verschließbare Schüssel (3-Liter-Inhalt) sieben, mit Grieß, Zucker und Vanillin-Zucker mischen. Eier, Butterschmalz und Himbeergeist hinzufügen. Schüssel mit dem Deckel fest verschließen.

2 Mehrmals (insgesamt 15–30 Sekunden) kräftig schütteln, so dass alle Zutaten gut vermischt sind. Alles mit einem Schneebesen oder Rührlöffel nochmals sorgfältig durchrühren, damit vor allem trockene Zutaten vom Rand mit untergerührt werden.

3 Den Teig in eine Tarteform (Ø 28 cm, gefettet) füllen und glatt streichen. Die gefrorenen Himbeeren darauf verteilen. Die Form auf dem Rost in den Backofen schieben.

Ober-/Unterhitze: etwa 180 °C (vorgeheizt)
Heißluft: etwa 160 °C (nicht vorgeheizt)
Gas: Stufe 2–3 (nicht vorgeheizt)
Backzeit: 30–35 Minuten.

4 Die Form auf einen Kuchenrost stellen. Die heiße Tarte sofort mit dem Gelee bestreichen (mit Hilfe eines Pinsels) und mit dem Eiskonfekt belegen. Tarte erkalten lassen und vor dem Servieren mit Puderzucker bestäuben.

Tipp: *Himbeergeist durch Orangensaft oder 2 Esslöffel Rosenwasser und 1 Esslöffel Apfelsaft ersetzen.*

Tarte mit Granatapfelkernen

Zutaten

Zum Vorbereiten:
1 mittelgroßer Granatapfel

Für den Teig:
170 g Weizenmehl
1 gestr. TL Backpulver
150 g Zucker
1 TL Finesse Geriebene Zitronenschale
2 Eier (Größe M)
125 g zerlassene, abgekühlte Butter oder Margarine
4 EL Buttermilch

Für den Belag:
3 Becher Zitronencreme (je 100 g) aus dem Kühlregal
Granatapfelkerne

Zubereitungszeit:
35 Minuten, ohne Kühlzeit

Insgesamt:
E: 42 g, F: 125 g, Kh: 311 g, kJ: 11002, kcal: 2630

FÜR GÄSTE

1 Zum Vorbereiten die Blüte des Granatapfels herausschneiden. Den Apfel aufbrechen und die Kerne herauslösen.

2 Für den Teig Mehl mit Backpulver mischen, in eine verschließbare Schüssel (3-Liter-Inhalt) sieben, mit Zucker und Zitronenschale mischen. Eier, Butter oder Margarine und Buttermilch hinzufügen. Schüssel mit dem Deckel fest verschließen.

3 Mehrmals (insgesamt 15–30 Sekunden) kräftig schütteln, so dass alle Zutaten gut vermischt sind. Die Hälfte der Granatapfelkerne dazugeben. Alles mit einem Schneebesen oder Rührlöffel nochmals sorgfältig durchrühren, damit vor allem trockene Zutaten vom Rand untergerührt werden.

4 Den Teig in eine Tarteform (Ø 28 cm, gefettet) geben und glatt streichen. Die Form auf dem Rost in den Backofen schieben.

Ober-/Unterhitze: etwa 200 °C (vorgeheizt)
Heißluft: etwa 180 °C (vorgeheizt)
Gas: Stufe 3–4 (vorgeheizt)
Backzeit: 20–25 Minuten.

5 Die Form auf einen Kuchenrost stellen. Die Tarte in der Form erkalten lassen.

6 Für den Belag Zitronencreme wellenartig auf die Tarte streichen. Die restlichen Granatapfelkerne darauf verteilen. Die Tarte etwa 30 Minuten kalt stellen.

Tipp: *Granatäpfel gibt es meistens in den Herbst- und Wintermonaten. Die Tarte kann auch mit frischen Beeren oder Mango- oder Papayastücken belegt werden. Anstelle von Zitronencreme kann auch fertiges, säuerliches Quarkdessert oder Vanillecreme verwendet werden.*

Erdbeer-Sahne-Torte

Zutaten

Für den Teig:
125 g Weizenmehl
2 gestr. TL Backpulver
100 g Zucker
1 Pck. Vanillin-Zucker
2 Eier (Größe M)
6 EL Speiseöl

Für den Belag:
500 g frische Erdbeeren
25 g Zucker
500 ml (½ l) Schlagsahne
1 Pck. Quarkfein, Erdbeer-Geschmack

Zum Verzieren:
200 ml Schlagsahne
1 Pck. Sahnesteif

Zum Garnieren:
250 g frische Erdbeeren

evtl. etwas Raspelschokolade

Zubereitungszeit:
35 Minuten, ohne Kühlzeit

Insgesamt:
E: 51 g, F: 294 g, Kh: 394 g, kJ: 19161, kcal: 4577

EINFACH

1 Für den Teig Mehl mit Backpulver mischen, in eine verschließbare Schüssel (3-Liter-Inhalt) sieben, mit Zucker und Vanillin-Zucker mischen. Eier und Speiseöl hinzufügen. Schüssel mit dem Deckel fest verschließen. Mehrmals (insgesamt 15–30 Sekunden) kräftig schütteln, so dass alle Zutaten gut vermischt sind. Alles mit einem Schneebesen oder Rührlöffel nochmals sorgfältig durchrühren, damit vor allem trockene Zutaten vom Rand mit untergerührt werden.

2 Den Teig in eine Springform (Ø 26 cm, Boden gefettet, mit Backpapier belegt) geben und glatt streichen. Die Form auf dem Rost in den Backofen schieben.

Ober-/Unterhitze: etwa 180 °C (vorgeheizt)
Heißluft: etwa 160 °C (vorgeheizt)
Gas: Stufe 2–3 (vorgeheizt)
Backzeit: etwa 20 Minuten.

3 Den Tortenboden aus der Form lösen und auf einen mit Backpapier belegten Kuchenrost stürzen. Mitgebackenes Backpapier abziehen. Tortenboden erkalten lassen und auf eine Platte legen. Einen Tortenring oder den gesäuberten Springformrand darumstellen.

4 Für den Belag Erdbeeren waschen, abtropfen lassen, entstielen und in Stücke schneiden. Erdbeerstücke mit Zucker mischen.

5 Sahne etwa ½ Minute schlagen, Quarkfein hinzufügen. Sahne ganz steif schlagen. Die Hälfte der Quark-Sahne-Creme auf den Tortenboden streichen. Erdbeerstücke darauf verteilen. Restliche Quark-Sahne-Creme darauf verteilen. Torte etwa 2 Stunden kalt stellen.

6 Zum Verzieren Sahne mit Sahnesteif steif schlagen. Die Tortenoberfläche mit der Sahne verzieren.

7 Zum Garnieren Erdbeeren waschen und gut abtropfen lassen. Die Torte mit den Erdbeeren (mit Grün) garnieren. Den Tortenring oder Springformrand entfernen. Evtl. mit Raspelschokolade bestreuen.

Coca-Cola-Torte*

Zutaten

Für den Teig:
300 g Weizenmehl
3 gestr. TL Kakaopulver
300 g Zucker
1 Pck. Vanillin-Zucker
2 Eier (Größe M)
250 g zerlassene, abgekühlte Butter oder Margarine
125 ml (⅛ l) Buttermilch
80 g zerkleinerte Marshmallows (Schaumzuckerware)

Für den Guss:
250 g Puderzucker
50 g Butter
3 EL Kakaopulver
knapp 100 ml Coca-Cola

Zum Bestreuen:
75 g Walnusskerne

Zubereitungszeit:
30 Minuten, ohne Kühlzeit

Insgesamt:
E: 70 g, F: 282 g, Kh: 868 g, kJ: 26918, kcal: 6429

DAUERT LÄNGER

1 Für den Teig Mehl mit Kakao mischen, in eine verschließbare Schüssel (3-Liter-Inhalt) sieben, mit Zucker und Vanillin-Zucker mischen. Eier, Butter oder Margarine und Buttermilch hinzufügen. Schüssel mit dem Deckel fest verschließen.

2 Mehrmals (insgesamt 15–30 Sekunden) kräftig schütteln, so dass alle Zutaten gut vermischt sind. Marshmallows hinzugeben. Alles mit einem Schneebesen oder Rührlöffel nochmals sorgfältig durchrühren, damit vor allem trockene Zutaten vom Rand mit untergerührt werden.

3 Den Teig in eine Springform (Ø 26 cm, Boden gefettet) füllen (der Teig ist sehr flüssig, die Marshmallows schwimmen obenauf!). Die Form auf dem Rost in den Backofen schieben.

Ober-/Unterhitze: etwa 180 °C (vorgeheizt)
Heißluft: etwa 160 °C (nicht vorgeheizt)
Gas: Stufe 2–3 (nicht vorgeheizt)
Backzeit: 60–70 Minuten.

4 Den Boden aus der Form lösen und den Kuchen auf einem Kuchenrost etwas abkühlen lassen.

5 Für den Guss Puderzucker in eine Schüssel sieben. Butter, Kakao und Coca-Cola in einem kleinen Topf unter Rühren aufkochen lassen, ebenfalls in die Schüssel geben und glatt rühren. Den Guss über den noch warmen Kuchen geben.

6 Zum Bestreuen Walnusskerne grob hacken und auf den Guss streuen. Die Torte bis zum Verzehr kalt stellen.

* *(Rezept nicht durch Coca-Cola autorisiert)*

Mokka-Pfirsich-Torte

Zutaten

Für den Teig:
125 g Weizenmehl
75 g Speisestärke
1 Pck. Backpulver
100 g gesiebter Puderzucker
2 Pck. Bourbon-Vanille-Zucker
1 Prise Salz
3 Eier (Größe M)
150 g zerlassene, abgekühlte Butter oder Margarine
100 ml Amaretto (italienischer Mandellikör)

Für die Füllung:
400 ml Schlagsahne
2 EL Zucker
2 Pck. Sahnesteif
2 EL Amaretto (italienischer Mandellikör)
3 TL Instant-Kaffee

Für den Belag:
1 Dose Pfirsichhälften (Abtropfgewicht etwa 500 g)

Zum Garnieren:
1 Topf Minze

Zubereitungszeit:
40 Minuten, ohne Abkühlzeit

Insgesamt:
E: 55 g, F: 275 g, Kh: 459 g, kJ: 20484, kcal: 4896

MIT ALKOHOL

1 Für den Teig Mehl mit Speisestärke und Backpulver mischen, in eine verschließbare Schüssel (3-Liter-Inhalt) sieben, mit Puderzucker, Vanille-Zucker und Salz mischen. Eier, Butter oder Margarine und Amaretto hinzufügen. Schüssel mit dem Deckel fest verschließen.

2 Mehrmals (insgesamt 15–30 Sekunden) kräftig schütteln, so dass alle Zutaten gut vermischt sind. Alles mit einem Schneebesen oder Rührlöffel nochmals sorgfältig durchrühren, damit vor allem trockene Zutaten vom Rand mit untergerührt werden.

3 Den Teig in eine Springform (Ø 26 cm, Boden gefettet) geben und glatt streichen. Die Form auf dem Rost in den Backofen schieben.

Ober-/Unterhitze: etwa 180 °C (vorgeheizt)
Heißluft: etwa 160 °C (vorgeheizt)
Gas: Stufe 2–3 (vorgeheizt)
Backzeit: etwa 30 Minuten.

4 Den Tortenboden aus der Form lösen und auf einem mit Backpapier belegten Kuchenrost erkalten lassen.

5 Für die Füllung Sahne mit Zucker und Sahnesteif steif schlagen. Amaretto erwärmen, den Instant-Kaffee unter Rühren darin auflösen, abkühlen lassen und unter die Sahne heben.

6 Die Mokkasahne auf den Tortenboden geben und glatt streichen.

7 Für den Belag Pfirsichhälften in einem Sieb abtropfen lassen. Pfirsichhälften in Spalten schneiden und auf der Mokkasahne verteilen.

8 Zum Garnieren Minze abspülen, trockentupfen. Die Torte mit der Minze garnieren.

Eierlikörtorte mit Joghurt-Kokos-Creme

Zutaten

Für den Teig:
200 g Weizenmehl
3 gestr. TL Backpulver
100 g Zucker
1 Pck. Bourbon-Vanille-Zucker
3 Eier (Größe M)
100 g zerlassene, abgekühlte Butter oder Margarine
150 ml Eierlikör

Für den Belag:
8 Blatt weiße Gelatine
3 EL Rum
500 ml gesüßter Kokosjoghurt
300 ml Schlagsahne
1 EL gesiebter Puderzucker

Zum Bestreuen:
1–2 EL Kokosraspel

Zum Garnieren:
2 Kiwis
1 Mango

Zubereitungszeit:
55 Minuten, ohne Kühlzeit

Insgesamt:
E: 96 g, F: 234 g, Kh: 447 g, kJ: 19882, kcal: 4751

MIT ALKOHOL - FÜR GÄSTE

1 Für den Teig Mehl mit Backpulver mischen, in eine verschließbare Schüssel (3-Liter-Inhalt) sieben, mit Zucker und Vanille-Zucker mischen. Eier, Butter oder Margarine und Eierlikör hinzufügen. Schüssel mit dem Deckel fest verschließen. Mehrmals (insgesamt 15–30 Sekunden) kräftig schütteln, so dass alle Zutaten gut vermischt sind. Alles mit einem Schneebesen oder Rührlöffel nochmals sorgfältig durchrühren, damit vor allem trockene Zutaten vom Rand mit untergerührt werden.

2 Den Teig in eine Springform (Ø 26 cm, mit Backpapier belegt) geben und glatt streichen. Die Form auf dem Rost in den Backofen schieben.

Ober-/Unterhitze: etwa 180 °C (vorgeheizt)
Heißluft: etwa 160 °C (nicht vorgeheizt)
Gas: Stufe 2–3 (nicht vorgeheizt)
Backzeit: 30–35 Minuten.

3 Den Gebäckboden aus der Form lösen und auf einen Kuchenrost stürzen. Mitgebackenes Backpapier abziehen. Gebäckboden wieder umdrehen und erkalten lassen.

4 Für den Belag Gelatine in kaltem Wasser nach Packungsanleitung einweichen, leicht ausdrücken. Die ausgedrückte Gelatine mit Rum in einem kleinen Topf unter Rühren erwärmen (nicht kochen), bis sie völlig gelöst ist. Gelatine mit 1–2 Esslöffeln von dem Joghurt verrühren. Dann mit dem restlichen Joghurt verrühren, kalt stellen. Sahne mit Puderzucker steif schlagen. Wenn die Joghurtmasse anfängt dicklich zu werden, Sahne unterheben.

5 Den Gebäckboden auf eine Platte legen. Einen Tortenring oder den gesäuberten Springformrand darumstellen. Die Joghurtcreme auf dem Gebäckboden verteilen. Torte 2–3 Stunden kalt stellen. Tortenring oder Springformrand lösen und entfernen.

6 Zum Bestreuen Kokosraspel in einer kleinen Pfanne ohne Fett goldbraun rösten, erkalten lassen. Kokosraspel auf die Torte streuen.

7 Zum Garnieren Kiwis schälen. Mango halbieren, den Kern herauslösen und die Mango schälen. Kiwis und Mango in Scheiben oder in dünne Spalten schneiden. Die Torte damit garnieren.

Kastanien-Marzipancreme-Torte

Zutaten

Zum Vorbereiten:
1 Dose gegarte Kastanien (Abtropfgewicht 285 g)

Für den Teig:
150 g Weizenmehl
3 gestr. TL Backpulver
100 g Zucker
3 Eier (Größe M)
100 g zerlassene, abgekühlte Butter oder Margarine

Für den Belag:
2 große Orangen

Für die Marzipancreme:
125 g Marzipan-Rohmasse
250 ml (¼ l) Schlagsahne
1 Pck. Sahnesteif

Nach Belieben zum Garnieren:
Minze

Zubereitungszeit:
45 Minuten, ohne Abkühlzeit

Insgesamt:
E: 72 g, F: 226 g, Kh: 411 g,
kJ: 17249, kcal: 4120

RAFFINIERT

1 Zum Vorbereiten Kastanien in einem Sieb abtropfen lassen. Kastanien mit einer Gabel fein zerdrücken.

2 Für den Teig Mehl mit Backpulver mischen, in eine verschließbare Schüssel (3-Liter-Inhalt) sieben, mit Zucker mischen. Eier und Butter oder Margarine hinzufügen. Schüssel mit dem Deckel fest verschließen. Mehrmals (insgesamt 15–30 Sekunden) kräftig schütteln, so dass alle Zutaten gut vermischt sind. Kastanienpüree hinzugeben. Alles mit einem Schneebesen oder Rührlöffel nochmals sorgfältig durchrühren, damit vor allem trockene Zutaten vom Rand mit untergerührt werden.

3 Den Teig in eine Springform (Ø 26 cm, Boden gefettet) geben und glatt streichen. Die Form auf dem Rost in den Backofen schieben.

Ober-/Unterhitze: etwa 180 °C (vorgeheizt)
Heißluft: etwa 160 °C (vorgeheizt)
Gas: Stufe 2–3 (vorgeheizt)
Backzeit: 25–30 Minuten.

4 Den Tortenboden aus der Form lösen und auf einem Kuchenrost erkalten lassen.

5 Für den Belag Orangen so dick mit einem Messer abschälen oder abschneiden, dass auch die weiße Haut ganz entfernt wird. Dann das Fruchtfleisch mit einem scharfen Messer von einer Trennhautseite abschneiden und von der anderen Seite abziehen oder auch abschneiden, so dass die Trennhäute stehen bleiben. Dabei den Saft in einer Schüssel auffangen. Orangenfilets beiseite stellen.

6 Für die Creme Marzipan-Rohmasse auf einer Haushaltsreibe fein reiben. Orangensaft und Marzipan glatt rühren. Sahne mit Sahnesteif steif schlagen. Marzipan-Orangen-Masse unterheben.

7 Marzipan-Orangen-Creme auf den Tortenboden geben und wellenartig verstreichen. Die beiseite gestellten Orangenfilets darauf verteilen. Die Torte nach Belieben mit Minze garnieren.

300gr Mehl 450gr
125 " Butter 200 "
100 " Zucker 150 "
1 Ei 2 Eier
Füllung
150gr Nüssen 250
100 " Zucker 150
1 Eiweiß
+ Wasser
1 Bittermandelöl

Erdbeertorte

Zutaten

Für den Teig:
150 g Weizenmehl
4 gestr. TL Backpulver
100 g Zucker
1 Pck. Vanillin-Zucker
4 Eier (Größe M)
4 EL Speiseöl
2 EL Weißweinessig

Für den Pudding:
1 Pck. Pudding-Pulver Vanille-Geschmack
40 g Zucker
125 ml (⅛ l) Milch
250 ml (¼ l) Schlagsahne

Für den Belag:
500 g frische Erdbeeren

Für den Guss:
1 Pck. Tortenguss, rot
250 ml (¼ l) Erdbeersaft oder Wasser
50–80 g Zucker

Zubereitungszeit:
55 Minuten, ohne Kühlzeit

Insgesamt:
E: 65 g, F: 158 g, Kh: 444 g, kJ: 14982, kcal: 3582

KLASSISCH

1 Für den Teig Mehl mit Backpulver mischen, in eine verschließbare Schüssel (3-Liter-Inhalt) sieben, mit Zucker und Vanillin-Zucker mischen. Eier, Speiseöl und Essig hinzufügen. Schüssel mit dem Deckel fest verschließen.

2 Mehrmals (insgesamt 15–30 Sekunden) kräftig schütteln, so dass alle Zutaten gut vermischt sind. Alles mit einem Schneebesen oder Rührlöffel nochmals sorgfältig durchrühren, damit vor allem trockene Zutaten vom Rand mit untergerührt werden.

3 Den Teig in eine Obstbodenform (28 cm, gefettet, gemehlt) geben und glatt streichen. Die Form auf dem Rost in den Backofen schieben.

Ober-/Unterhitze: 180–200 °C (vorgeheizt)
Heißluft: 160–180 °C (vorgeheizt)
Gas: etwa Stufe 3 (vorgeheizt)
Backzeit: 20–30 Minuten.

4 Den Tortenboden auf einen mit Backpapier belegten Kuchenrost stürzen. Tortenboden erkalten lassen.

5 Für den Pudding aus Pudding-Pulver, Zucker, Milch und Sahne (aber mit den hier angegebenen Zutaten) einen Pudding zubereiten. Den Pudding erkalten lassen, dabei ab und zu umrühren.

6 Den Pudding gleichmäßig auf dem Tortenboden verteilen.

7 Für den Belag Erdbeeren waschen, gut abtropfen lassen, entstielen und halbieren. Erdbeerhälften auf den Pudding legen.

8 Für den Guss aus Tortengusspulver, Erdbeersaft oder Wasser und Zucker nach Packungsanleitung einen Guss zubereiten. Den Guss auf den Erdbeerhälften verteilen. Die Erdbeertorte kalt stellen.

Tipp: *Sie können die Erdbeertorte, wenn der Guss fest ist, mit geschlagener Sahne aus einem Spritzbeutel mit Lochtülle und gehackten Pistazienkernen verzieren.*

Preiselbeer-Frischkäse-Torte

Zutaten

Für den Teig:
200 g Weizenmehl
2 gestr. TL Backpulver
150 g Zucker
1 Pck. Vanillin-Zucker
1 Pck. Finesse Orangenfrucht
3 Eier (Größe M)
100 g Doppelrahm-Frischkäse
150 g zerlassene, abgekühlte Butter oder Margarine
50 g kernige, geröstete Haferflocken

Für die Füllung:
1 Glas Wildpreiselbeeren (Einwaage 395 g)

Für die Creme:
6 Blatt weiße Gelatine
100 g Doppelrahm-Frischkäse
5 EL Milch
2 EL Zitronensaft
75 g flüssiger Honig
500 ml (½ l) Schlagsahne

Für den Guss:
1 Pck. Tortenguss, klar
30 g Zucker
250 ml (¼ l) roter Traubensaft

Zubereitungszeit:
55 Minuten, ohne Kühlzeit

Insgesamt:
E: 100 g, F: 372 g, Kh: 590 g, kJ: 26400, kcal: 6308

FÜR GÄSTE

1 Für den Teig Mehl mit Backpulver mischen, in eine verschließbare Schüssel (3-Liter-Inhalt) sieben, mit Zucker, Vanillin-Zucker und Orangenfrucht mischen. Eier, Frischkäse und Butter oder Margarine hinzufügen. Schüssel mit dem Deckel fest verschließen. Mehrmals (insgesamt 15–30 Sekunden) kräftig schütteln, so dass alle Zutaten gut vermischt sind. Haferflocken hinzugeben. Alles mit einem Schneebesen oder Rührlöffel noch mals sorgfältig durchrühren, damit vor allem trockene Zutaten vom Rand mit untergerührt werden.

2 Den Teig in eine Springform (Ø 26 cm, Boden gefettet, mit Backpapier belegt) geben und glatt streichen. Die Form auf dem Rost in den Backofen schieben.

Ober-/Unterhitze: etwa 180 °C (vorgeheizt)
Heißluft: etwa 160 °C (vorgeheizt)
Gas: Stufe 2–3 (vorgeheizt)
Backzeit: etwa 30 Minuten.

3 Den Gebäckboden aus der Form lösen und auf einen mit Backpapier belegten Kuchenrost stürzen. Mitgebackenes Backpapier abziehen. Gebäckboden erkalten lassen, dann einmal waagerecht durchschneiden.

4 Den unteren Gebäckboden auf eine Tortenplatte legen und mit der Hälfte der Wildpreiselbeeren bestreichen, dabei am Rand etwa 1 cm frei lassen. Den oberen Gebäckboden darauf legen und mit den restlichen Wildpreiselbeeren bestreichen, dabei ebenfalls am Rand etwa 1 cm frei lassen. Einen Tortenring oder den gesäuberten Springformrand darumstellen.

5 Für die Creme Gelatine in kaltem Wasser nach Packungsanleitung einweichen. Frischkäse, Milch, Zitronensaft und Honig verrühren. Gelatine leicht ausdrücken. Die ausgedrückte Gelatine in einem kleinen Topf unter Rühren erwärmen (nicht kochen), bis sie völlig gelöst ist, leicht abkühlen lassen. Gelatine mit etwas von der Frischkäse-Masse verrühren, dann die restliche Frischkäse-Masse unterrühren.

6 Sahne steif schlagen und unterheben. Die Frischkäse-Sahne-Masse auf den mit Wildpreiselbeeren bestrichenen oberen Boden geben und glatt streichen.

7 Für den Guss aus Tortengusspulver, Zucker und Traubensaft nach Packungsanleitung (aber mit Traubensaft) einen Guss zubereiten. Den Guss heiß auf die Frischkäse-Sahne-Masse gießen. Die Torte 2–3 Stunden kalt stellen. Dann den Tortenring oder Springformrand lösen und entfernen.

Buchweizentorte mit Karamell

Zutaten

Für den Teig:
150 g Weizenmehl
3 gestr. TL Backpulver
100 g Zucker
4 Eier (Größe M)
125 g zerlassene, abgekühlte Butter oder Margarine
100 g Buchweizengrütze

Für den Belag:
6 Blatt weiße Gelatine
150 g Zucker
10 g Butter
500 ml (½ l) Milch
1 Pck. Pudding-Pulver Vanille-Geschmack
250 g frische Johannisbeeren oder TK-Johannisbeeren
400 ml Schlagsahne

Zum Garnieren:
einige Johannisbeerrispen
Minzezweige

Zubereitungszeit:
70 Minuten, ohne Kühlzeit

Insgesamt:
E: 95 g, F: 283 g, Kh: 556 g, kJ: 22232, kcal: 5311

RAFFINIERT

1 Für den Teig Mehl mit Backpulver mischen, in eine verschließbare Schüssel (3-Liter-Inhalt) sieben, mit Zucker mischen. Eier, Butter oder Margarine und Buchweizengrütze hinzufügen. Schüssel mit dem Deckel fest verschließen. Mehrmals (insgesamt 15–30 Sekunden) kräftig schütteln, so dass alle Zutaten gut vermischt sind. Alles mit einem Schneebesen oder Rührlöffel nochmals sorgfältig durchrühren, damit vor allem trockene Zutaten vom Rand mit untergerührt werden.

2 Den Teig in eine Springform (Ø 26 cm, Boden gefettet, mit Backpapier belegt) geben und glatt streichen. Die Form auf dem Rost in den Backofen schieben.

Ober-/Unterhitze: etwa 180 °C (vorgeheizt)
Heißluft: etwa 160 °C (vorgeheizt)
Gas: Stufe 2–3 (vorgeheizt)
Backzeit: etwa 30 Minuten.

3 Den Tortenboden aus der Form lösen und auf einen mit Backpapier belegten Kuchenrost stürzen. Mitgebackenes Backpapier abziehen. Tortenboden erkalten lassen und waagerecht einmal durchschneiden.

4 Für den Belag Gelatine in kaltem Wasser nach Packungsanleitung einweichen.

5 Zucker in einem kleinen Topf unter Rühren karamellisieren lassen. Butter hinzufügen. Mit etwas von der Milch das Pudding-Pulver anrühren. Restliche Milch zur Karamellmasse geben. Die Karamellmasse bei schwacher Hitze darin unter Rühren auflösen. Karamell-Milch zum Kochen bringen. Angerührtes Pudding-Pulver in die von der Kochstelle genommene Karamell-Milch geben und unter Rühren nochmals kurz aufkochen lassen. Topf von der Kochstelle nehmen. Gelatine leicht ausdrücken und unter Rühren in dem Karamell-Pudding auflösen, erkalten lassen, dabei ab und zu umrühren.

6 Johannisbeeren waschen, abtropfen lassen und entstielen. Sahne steif schlagen. Johannisbeeren und Sahne vorsichtig unter den Karamell-Pudding heben.

7 Den unteren Tortenboden auf eine Platte legen. Einen Tortenring oder den gesäuberten Springformrand darumstellen. Die Hälfte der Karamell-Pudding-Creme darauf verteilen. Den oberen Tortenboden darauf legen und leicht andrücken. Restliche Karamell-Pudding-Creme darauf geben und glatt streichen. Torte 2–3 Stunden kalt stellen. Tortenring oder Springformrand lösen und entfernen.

8 Zum Garnieren Johannisbeerrispen waschen und abtropfen lassen. Minze abspülen und trockentupfen. Die Torte vor dem Servieren mit Johannisbeerrispen und Minze garnieren.

Amicelli®-Kirsch-Torte

Zutaten

Zum Vorbereiten:
1 Glas Sauerkirschen (Abtropfgewicht 360 g)

Für den Teig:
100 g Weizenmehl
2 gestr. TL Backpulver
75 g Zucker
1 Pck. Bourbon-Vanille-Zucker
2 Eier (Größe M)
100 g zerlassene, abgekühlte Butter oder Margarine
50 g gemahlene Haselnusskerne

Für den Belag:
1 Pck. (200 g) Amicelli®
(Gefüllte Waffelröllchen)
500 ml (½ l) Schlagsahne
1 Pck. Quarkfein Vanille-Geschmack

® Registered trademark of Mars Inc.

Zubereitungszeit:
40 Minuten, ohne Kühlzeit

Insgesamt:
E: 59 g, F: 343 g, Kh: 468 g, kJ: 22877, kcal: 5460

RAFFINIERT

1 Zum Vorbereiten Sauerkirschen in einem Sieb abtropfen lassen.

2 Für den Teig Mehl mit Backpulver mischen, in eine verschließbare Schüssel (3-Liter-Inhalt) sieben, mit Zucker und Vanille-Zucker mischen. Eier, Butter oder Margarine und Haselnusskerne hinzufügen. Schüssel mit dem Deckel fest verschließen. Mehrmals (insgesamt 15–30 Sekunden) kräftig schütteln, so dass alle Zutaten gut vermischt sind. Alles mit einem Schneebesen oder Rührlöffel nochmals sorgfältig durchrühren, damit vor allem trockene Zutaten vom Rand mit untergerührt werden.

3 Den Teig in eine Springform (Ø 26 cm, Boden gefettet, mit Backpapier belegt) geben und glatt streichen. Die Form auf dem Rost in den Backofen schieben.

Ober-/Unterhitze: etwa 180 °C (vorgeheizt)
Heißluft: etwa 160 °C (vorgeheizt)
Gas: Stufe 2–3 (vorgeheizt)
Backzeit: etwa 15 Minuten.

4 Den Tortenboden aus der Form lösen und auf einen Kuchenrost stürzen. Mitgebackenes Backpapier abziehen. Tortenboden erkalten lassen und auf eine Tortenplatte legen. Einen Tortenring oder den gesäuberten Springformrand darumstellen. Die abgetropften Sauerkirschen auf dem Tortenboden verteilen (einige Sauerkirschen zum Garnieren beiseite legen).

5 Für den Belag 10 Röllchen Amicelli® kurz in das Gefrierfach legen, dann mit einem Messer zerkleinern. Sahne ½ Minute schlagen. Quarkfein hinzufügen. Sahne-Quarkfein-Masse ganz steif schlagen, 3 Esslöffel davon abnehmen und in einen Spritzbeutel mit Sterntülle füllen. Die zerkleinerten Amicelli® unter die restliche Sahne-Quarkfein-Masse heben. Die Sahne-Quarkfein-Amicelli®-Masse auf den Kirschboden geben und glatt streichen. Die Torte etwa 2 Stunden kalt stellen.

6 Den Tortenring oder Springformrand lösen und entfernen. Die Tortenoberfläche mit der Sahne-Quarkfein-Masse aus dem Spritzbeutel verzieren und mit den restlichen Amicelli® (6 Stück) und den beiseite gelegten Sauerkirschen garnieren. Die Torte bis zum Verzehr kalt stellen.

Tipp: *Die Torte kann bereits am Vortag zubereitet werden. Anstelle der Kirschen schmecken auch Preiselbeeren oder Orangenfilets.*

Mohntorte mit Rhabarbercreme

Zutaten

Für den Teig:
200 g Weizenmehl
50 g Speisestärke
3 gestr. TL Backpulver
200 g Zucker
1 Prise Salz
4 Eier (Größe M)
175 g zerlassene, abgekühlte Butter oder Margarine
150 ml Milch
75 g Mohnsamen

Für den Belag:
9 Blatt weiße Gelatine
500 g Rhabarber
50 ml Wasser
120 g Zucker
2 Pck. Bourbon-Vanille-Zucker
250 g Vanillejoghurt
400 ml Schlagsahne

Zum Bestreichen:
4 EL Erdbeerfruchtaufstrich

300 g Marzipan-Rohmasse
100 g gesiebter Puderzucker

Zubereitungszeit:
80 Minuten, ohne Kühlzeit

Insgesamt:
E: 147 g, F: 449 g, Kh: 861 g, kJ: 34789, kcal: 8311

DAUERT ETWAS LÄNGER

1 Für den Teig Mehl mit Speisestärke und Backpulver mischen, in eine verschließbare Schüssel (3-Liter-Inhalt) sieben, mit Zucker und Salz mischen. Eier, Butter oder Margarine und Milch hinzufügen. Schüssel mit dem Deckel fest verschließen. Mehrmals (insgesamt 15–30 Sekunden) kräftig schütteln, so dass alle Zutaten gut vermischt sind. Mohnsamen hinzugeben. Alles mit einem Schneebesen oder Rührlöffel nochmals sorgfältig durchrühren, damit vor allem trockene Zutaten vom Rand mit untergerührt werden.

2 Den Teig in eine Springform (Ø 26 cm, Boden gefettet, gemehlt) geben und glatt streichen. Die Form auf dem Rost in den Backofen schieben.

Ober-/Unterhitze: etwa 180 °C (vorgeheizt)
Heißluft: etwa 160 °C (nicht vorgeheizt)
Gas: Stufe 2–3 (nicht vorgeheizt)
Backzeit: 35–40 Minuten.

3 Den Tortenboden etwa 10 Minuten in der Form stehen lassen, dann aus der Form lösen und auf einem mit Backpapier belegten Kuchenrost erkalten lassen. Den Tortenboden einmal waagerecht durchschneiden.

4 Für den Belag Gelatine in kaltem Wasser nach Packungsanleitung einweichen. Rhabarber waschen, Stielenden und Blattansätze entfernen, Stangen in etwa 2 cm lange Stücke schneiden. Rhabarberstücke mit Wasser in einem Topf weich dünsten lassen. Zucker und Vanille-Zucker unterrühren. Gelatine ausdrücken und in dem Rhabarberkompott unter Rühren vollständig auflösen. Kompott abkühlen lassen. Joghurt unterrühren, kalt stellen. Sahne steif schlagen. Sobald die Rhabarber-Joghurt-Masse anfängt dicklich zu werden, Sahne unterheben.

5 Den unteren Tortenboden auf eine Platte legen. Einen Tortenring oder den gesäuberten Springformrand (evtl. mit Backpapier ausgelegt) darumstellen. Rhabarbercreme auf den Tortenboden geben und glatt streichen. Den oberen Boden darauf legen und etwas andrucken. Torte 2–3 Stunden kalt stellen. Den Tortenring oder Springformrand lösen und entfernen. Den Fruchtaufstrich durch ein Sieb streichen, den Tortenrand damit bestreichen. Marzipan-Rohmasse klein schneiden und mit Puderzucker verkneten. Marzipanmasse zwischen zwei Frischhaltefolien dünn, etwas größer als Ø 26 cm ausrollen, auf die Torte legen, Oberfläche und Rand dabei etwas andrücken.

Tipp: *Die Torte nach Belieben mit Sahnetuffs verzieren und mit gehobelter weißer Kuvertüre bestreuen.*

Nuss-Nougatcreme-Torte

Zutaten

Zum Vorbereiten:
1 Glas Sauerkirschen (Abtropfgewicht 360 g)
100 g Nuss-Nougat

Für den Teig:
250 g Weizenmehl
3 gestr. TL Backpulver
125 g Zucker
1 Pck. Vanillin-Zucker
3 Eier (Größe M)
150 ml Speiseöl
75 ml Milch
10 g Kakaopulver
3 EL Milch

Für den Belag:
6 Blatt weiße Gelatine
500 g Magerquark
100 g Zucker
2 Pck. Vanillin-Zucker
250 ml (¼ l) Schlagsahne

Für den Guss:
1 Pck. Tortenguss, klar
250 ml (¼ l) Sauerkirschsaft

Zubereitungszeit:
65 Minuten, ohne Kühlzeit

Insgesamt:
E: 148 g, F: 285 g, Kh: 645 g, kJ: 24892, kcal: 5945

FÜR KINDER

1 Zum Vorbereiten Sauerkirschen in einem Sieb abtropfen lassen, evtl. mit einem Küchenpapier trockentupfen. Den Saft dabei auffangen und 250 ml (¼ l) davon abmessen. Nougat in einem kleinen Topf im Wasserbad erwärmen und geschmeidig rühren.

2 Für den Teig Mehl mit Backpulver mischen, in eine verschließbare Schüssel (3-Liter-Inhalt) sieben, mit Zucker und Vanillin-Zucker mischen. Eier, Speiseöl und Milch hinzufügen. Schüssel mit dem Deckel fest verschließen. Mehrmals (insgesamt 15–30 Sekunden) kräftig schütteln, so dass alle Zutaten gut vermischt sind. Alles mit einem Schneebesen oder Rührlöffel nochmals sorgfältig durchrühren, damit vor allem trockene Zutaten vom Rand mit untergerührt werden.

3 Zwei Drittel des Teiges in eine Springform (Ø 26 cm, Boden gefettet) geben und glatt streichen. Die abgetropften Kirschen gleichmäßig darauf verteilen, dabei etwa 1 cm am Rand frei lassen. Den restlichen Teig mit Kakao, Milch und Nougat verrühren, auf die Kirschen geben und glatt streichen. Die Form auf dem Rost in den Backofen schieben.

Ober-/Unterhitze: etwa 180 °C (vorgeheizt)
Heißluft: etwa 160 °C (nicht vorgeheizt)
Gas: Stufe 2–3 (nicht vorgeheizt)
Backzeit: 35–40 Minuten.

4 Den Tortenboden aus der Form lösen und auf einem Kuchenrost erkalten lassen.

5 Für den Belag Gelatine in kaltem Wasser nach Packungsanleitung einweichen, leicht ausdrücken. Die ausgedrückte Gelatine in einem kleinen Topf unter Rühren erwärmen (nicht kochen), bis sie völlig gelöst ist, leicht abkühlen lassen. Quark mit Zucker und Vanillin-Zucker verrühren. Die aufgelöste Gelatine unterrühren. Sahne steif schlagen und vorsichtig unter die Quark-Gelatine-Masse heben. Die Quark-Sahne-Masse leicht kuppelartig auf den Tortenboden streichen. Die Torte etwa 1 Stunde kalt stellen.

6 Für den Guss aus Tortengusspulver und Sauerkirschsaft nach Packungsanleitung einen Guss zubereiten. Den Guss nach und nach portionsweise auf der Quark-Sahne-Masse verteilen, so dass der Guss in dicken Nasen an der Seite herunterläuft. Dabei die untere Schicht vor dem Auftragen der nächsten Schicht kurz fest werden lassen. Den Guss fest werden lassen.

Schritt 6 →
Vorsichtig eher nur 100 ml Kirschsaft
↳ Sahne verläuft

Sehr lecker → doppelte Menge als Blech

Schwarz-Weiß-Trüffel-Torte

Zutaten

Für den Teig:
200 g Weizenmehl
2 gestr. TL Backpulver
100 g Zucker
2 geh. EL gesiebtes Kakaopulver
4 Eier (Größe M)
125 g zerlassene, abgekühlte Butter oder Margarine

Für die Füllung:
150 g weiße Kuvertüre
500 g Ricotta (italienischer Frischkäse)
1 Msp. gemahlener Zimt
100 g Früchte-Mix

Zum Bestäuben:
1 EL Kakaopulver

Zubereitungszeit:
60 Minuten, ohne Kühlzeit

Insgesamt:
E: 118 g, F: 261 g, Kh: 414 g, kJ: 19486, kcal: 4652

FÜR GÄSTE

1 Für den Teig Mehl mit Backpulver mischen, in eine verschließbare Schüssel (3-Liter-Inhalt) sieben, mit Zucker und Kakao mischen. Eier und Butter oder Margarine hinzufügen. Schüssel mit dem Deckel fest verschließen.

2 Mehrmals (insgesamt 15–30 Sekunden) kräftig schütteln, so dass alle Zutaten gut vermischt sind. Alles mit einem Schneebesen oder Rührlöffel nochmals sorgfältig durchrühren, damit vor allem trockene Zutaten vom Rand mit untergerührt werden.

3 Den Teig in eine Springform (Ø 24 cm, gefettet) geben und glatt streichen. Die Form auf dem Rost in den Backofen schieben.

Ober-/Unterhitze: etwa 180 °C (vorgeheizt)
Heißluft: etwa 160 °C (vorgeheizt)
Gas: Stufe 2–3 (vorgeheizt)
Backzeit: 25–30 Minuten.

4 Den Tortenboden aus der Form lösen und auf einem Kuchenrost erkalten lassen.

5 Den Boden in der Mitte etwa 2 cm tief aushöhlen, dabei Boden und einen Rand von etwa 1 cm stehen lassen. Das ausgehöhlte Gebäck zerbröseln und beiseite stellen.

6 Für die Füllung Kuvertüre hacken und in einem kleinen Topf im Wasserbad unter Rühren schmelzen lassen. Ricotta, Zimt und Früchte-Mix in eine Schüssel geben und cremig rühren. Nach und nach Kuvertüre unterrühren.

7 Die Käsecreme kuppelförmig auf den ausgehöhlten Gebäckboden streichen und mit etwa der Hälfte der Gebäckbrösel bestreuen, etwas andrücken. Die Torte 2–3 Stunden kalt stellen.

8 Die Torte vor dem Servieren mit Kakao bestäuben.

Tipp: *Aus den restlichen Gebäckbröseln (etwa 100 g), 100 g aufgelöster, weißer Schokolade und 1 Esslöffel Rum eine geschmeidige Masse rühren. Aus dieser Masse etwa 25 walnussgroße Kugeln formen und mit Kakaopulver bestäuben. Die Torte eventuell zusätzlich mit den Trüffelkugeln garnieren.*

Stachelbeer-Götterspeise-Torte

Zutaten

Für den Teig:
150 g Weizenmehl
2 gestr. TL Backpulver
100 g Zucker
1 Pck. Vanillin-Zucker
2 Eier (Größe M)
75 ml Speiseöl
75 ml Limettenlimonade, z.B. Fanta-Limette

Für den Belag:
1 Glas Stachelbeeren (Abtropfgewicht 360 g)
1 Pck. (2 Beutel) Götterspeise Zitronen-Geschmack
600 ml Flüssigkeit (300 ml Stachelbeersaft, 300 ml Wasser)
120 g Zucker
500 ml (½ l) Schlagsahne
250 g Schmand

Zubereitungszeit:
60 Minuten, ohne Kühlzeit

Insgesamt:
E: 126 g, F: 296 g, Kh: 463 g, kJ: 21858, kcal: 5218

FÜR KINDER

1 Für den Teig Mehl mit Backpulver mischen, in eine verschließbare Schüssel (3-Liter-Inhalt) sieben, mit Zucker und Vanillin-Zucker mischen. Eier, Speiseöl und Limettenlimonade hinzufügen. Schüssel mit dem Deckel fest verschließen. Mehrmals (insgesamt 15–30 Sekunden) kräftig schütteln, so dass alle Zutaten gut vermischt sind. Alles mit einem Schneebesen oder Rührlöffel nochmals sorgfältig durchrühren, damit vor allem trockene Zutaten vom Rand mit untergerührt werden.

2 Den Teig in eine Springform (Ø 26 cm, Boden gefettet, mit Backpapier belegt) geben und glatt streichen. Die Form auf dem Rost in den Backofen schieben.

Ober-/Unterhitze: etwa 180 °C (vorgeheizt)
Heißluft: etwa 160 °C (vorgeheizt)
Gas: Stufe 2–3 (vorgeheizt)
Backzeit: etwa 25 Minuten.

3 Den Tortenboden aus der Form lösen und auf einen mit Backpapier belegten Kuchenrost stürzen. Mitgebackenes Backpapier abziehen. Tortenboden erkalten lassen und auf eine Platte legen. Einen Tortenring oder den gesäuberten Springformrand (evtl. mit Backpapier ausgelegt) darumstellen.

4 Für den Belag Stachelbeeren in einem Sieb gut abtropfen lassen, den Saft dabei auffangen und 300 ml davon abmessen. Götterspeise mit Stachelbeer-Wasser-Flüssigkeit und Zucker nach Packungsanleitung (aber mit der hier angegebenen Menge) zubereiten. Götterspeise kalt stellen. Wenn die Götterspeise anfängt dicklich zu werden, Götterspeise halbieren. Sahne steif schlagen. Schmand und Sahne unter eine Hälfte der Götterspeise heben. Die Sahne-Schmand-Götterspeise auf den Tortenboden geben und glatt streichen. Stachelbeeren darauf verteilen.

5 Restliche Götterspeise als Guss auf die Stachelbeeren geben. Torte etwa 3 Stunden kalt stellen. Tortenring oder Springformrand vorsichtig lösen und entfernen.

Tipp: *Wenn die Götterspeise für den Guss zu fest geworden ist, dann nochmals leicht erwärmen und auf die Stachelbeeren geben.*

Marzipan-Maracuja-Torte

Zutaten

Für den Teig:
200 g Weizenmehl
50 g Speisestärke
3 gestr. TL Backpulver
100 g Zucker
1 Pck. Bourbon-Vanille-Zucker
3 Eier (Größe M)
100 g zerlassenes, abgekühltes Butterschmalz
125 ml (⅛ l Milch)

1 Pck. (200 g) kalte Marzipan-Rohmasse

125 ml (⅛ l) Maracujanektar

Für die Füllung:
1–2 EL gesiebter Puderzucker
1 Pck. Sahnesteif
250 g Mascarpone (italienischer Frischkäse)

Für den Guss:
1–2 EL Maracujanektar
100 g gesiebter Puderzucker

Zubereitungszeit:
60 Minuten, ohne Abkühlzeit

Insgesamt:
E: 84 g, F: 301 g, Kh: 525 g, kJ: 22166, kcal: 5295

FÜR GÄSTE

1 Für den Teig Mehl mit Speisestärke und Backpulver mischen, in eine verschließbare Schüssel (3-Liter-Inhalt) sieben, mit Zucker und Vanille-Zucker mischen. Eier, Butterschmalz und Milch hinzufügen. Schüssel mit dem Deckel fest verschließen.

2 Mehrmals (insgesamt 15–30 Sekunden) kräftig schütteln, so dass alle Zutaten gut vermischt sind. Alles mit einem Schneebesen oder Rührlöffel nochmals sorgfältig durchrühren, damit vor allem trockene Zutaten vom Rand mit untergerührt werden.

3 Den Teig in eine Springform (Ø 26 cm, Boden gefettet) füllen und glatt streichen. Marzipan-Rohmasse quer in etwa 1 mm dünne Scheiben schneiden. Die Marzipanscheiben dachziegelartig auf den Teig legen. Die Form auf dem Rost in den Backofen schieben.

Ober-/Unterhitze: etwa 180 °C (vorgeheizt)
Heißluft: etwa 160 °C (nicht vorgeheizt)
Gas: Stufe 2–3 (nicht vorgeheizt)
Backzeit: 35–40 Minuten.

4 Die Form auf einen Kuchenrost stellen. Den Tortenboden erkalten lassen. Dann aus der Form lösen und einmal waagerecht durchschneiden.

5 Den unteren Boden auf eine Platte legen und mit 4 Esslöffeln von dem Maracujanektar beträufeln.

6 Für die Füllung Puderzucker und Sahnesteif mischen. Mascarpone und den restlichen Maracujanektar kurz aufschlagen, Puderzuckermischung einrieseln lassen. Mascarpone steif schlagen. Die Mascarponecreme auf den unteren Boden geben und glatt streichen. Den oberen Boden darauf legen.

7 Für den Guss Maracujanektar und Puderzucker zu einer dickflüssigen Masse verrühren. Den Guss in einen kleinen Gefrierbeutel füllen und eine kleine Ecke abschneiden. Die Torte mit dem Guss verzieren.

Bananen-Split-Torte

Zutaten

Für den Teig:
100 g Weizenmehl
25 g Kakaopulver
2 gestr. TL Backpulver
100 g Zucker
2 Eier (Größe M)
100 g zerlassene, abgekühlte Butter oder Margarine
4 EL Mineralwasser

Für den Belag:
6 Blatt weiße Gelatine
2 Bananen
etwas Zitronensaft
500 g Joghurt mit Schokostückchen
500 ml (½ l) Schlagsahne

Zum Garnieren:
Gelee-Bananen

Zubereitungszeit:
30 Minuten, ohne Kühlzeit

Insgesamt:
E: 77 g, F: 283 g, Kh: 280 g, kJ: 17216, kcal: 4118

EINFACH

1 Für den Teig Mehl mit Kakao und Backpulver mischen, in eine verschließbare Schüssel (3-Liter-Inhalt) sieben, mit Zucker mischen. Eier, Butter oder Margarine und Mineralwasser hinzufügen. Schüssel mit dem Deckel fest verschließen. Mehrmals (insgesamt 15–30 Sekunden) kräftig schütteln, so dass alle Zutaten gut vermischt sind. Alles mit einem Schneebesen oder Rührlöffel nochmals sorgfältig durchrühren, damit vor allem trockene Zutaten vom Rand mit untergerührt werden.

2 Den Teig in eine Springform (Ø 26 cm, Boden gefettet, mit Backpapier belegt) geben und glatt streichen. Die Form auf dem Rost in den Backofen schieben.

Ober-/Unterhitze: etwa 180 °C (vorgeheizt)
Heißluft: etwa 160 °C (vorgeheizt)
Gas: Stufe 2–3 (vorgeheizt)
Backzeit: etwa 25 Minuten.

3 Den Tortenboden aus der Form lösen und auf einen mit Backpapier belegten Kuchenrost stürzen. Tortenboden erkalten lassen und auf eine Platte legen. Einen Tortenring oder den gesäuberten Springformrand darumstellen.

4 Für den Belag Gelatine in kaltem Wasser nach Packungsanleitung einweichen. Bananen schälen, in etwa 1 cm dicke Scheiben schneiden. Bananenscheiben gleichmäßig auf den Tortenboden legen, dabei den Rand frei lassen. Bananenscheiben mit Zitronensaft beträufeln.

5 Die eingeweichte Gelatine leicht ausdrücken. Die ausgedrückte Gelatine in einem kleinen Topf unter Rühren erwärmen (nicht kochen), bis sie völlig gelöst ist, leicht abkühlen lassen. Die Gelatine mit etwas von dem Joghurt verrühren, dann mit dem restlichen Joghurt verrühren. Joghurtmasse kalt stellen.

6 Sahne steif schlagen. Ein Viertel der Sahne in einen Spritzbeutel mit Lochtülle füllen und beiseite legen.

7 Sobald die Joghurtmasse anfängt dicklich zu werden, die restliche Sahne unterheben. Die Joghurt-Sahne-Masse auf die Bananenscheiben geben und glatt streichen. Die Tortenoberfläche mit der Sahne aus dem Spritzbeutel verzieren. Torte etwa 2 Stunden kalt stellen. Den Tortenring oder Springformrand lösen und entfernen.

8 Die Torte kurz vor dem Servieren mit Gelee-Bananen garnieren.

Haselnuss-Schokoladen-Torte

Zutaten

Für den Teig:
150 g Weizenmehl
3 gestr. TL Backpulver
100 g Zucker
3 Eier (Größe M)
100 g zerlassene, abgekühlte Butter oder Margarine
5 EL Rum
100 g grob gehackte Haselnusskerne
100 g geriebene Vollmilch-schokolade

Für die Füllung:
1 Pck. Pudding-Pulver Vanille-Geschmack
200 ml Schlagsahne
200 ml Milch
50 g Zucker
150 g verlesene Himbeeren

Zum Bestäuben:
1 EL Puderzucker

Zum Garnieren:
50 g verlesene Himbeeren
Zitronenmelisse

Zubereitungszeit:
40 Minuten, ohne Kühlzeit

Insgesamt:
E: 74 g, F: 267 g, Kh: 392 g, kJ: 19132, kcal: 4570

EINFACH – MIT ALKOHOL

1 Für den Teig Mehl mit Backpulver mischen, in eine verschließbare Schüssel (3-Liter-Inhalt) sieben, mit Zucker mischen. Eier, Butter oder Margarine und Rum hinzufügen. Schüssel mit dem Deckel fest verschließen.

2 Mehrmals (insgesamt 15–30 Sekunden) kräftig schütteln, so dass alle Zutaten gut vermischt sind. Haselnusskerne und Schokolade hinzugeben. Alles mit einem Schneebesen oder Rührlöffel nochmals sorgfältig durchrühren, damit vor allem trockene Zutaten vom Rand mit untergerührt werden.

3 Den Teig in eine Springform (Ø 26 cm, Boden gefettet) geben und glatt streichen. Die Form auf dem Rost in den Backofen schieben.

Ober/Unterhitze: etwa 180 °C (vorgeheizt)
Heißluft: etwa 160 °C (vorgeheizt)
Gas: Stufe 2–3 (vorgeheizt)
Backzeit: etwa 30 Minuten.

4 Den Tortenboden etwa 10 Minuten in der Form stehen lassen, dann aus der Form lösen und auf einem mit Backpapier belegten Kuchenrost erkalten lassen. Den Tortenboden einmal waagerecht durchschneiden. Den unteren Tortenboden auf eine Platte legen, den oberen in 8–12 Stücke schneiden.

5 Für die Füllung aus Pudding-Pulver, Sahne, Milch und Zucker nach Packungsanleitung (aber mit den hier angegebenen Zutaten) einen Pudding zubereiten. Himbeeren vorsichtig unter den heißen Pudding heben.

6 Die noch warme Himbeer-Pudding-Creme auf den unteren Tortenboden geben und glatt streichen. Die Kuchenstücke fächerartig darauf legen. Torte 2–3 Stunden kalt stellen.

7 Die Torte vor dem Servieren mit Puderzucker bestäuben und mit Himbeeren und Zitronenmelisse garnieren.

Tipp: *Der Teig kann auch wie folgt zubereitet werden: Mehl mit Backpulver mischen und in eine Rührschüssel sieben. Zucker, Eier, Buttet oder Margarine und Rum hinzufügen. Die Zutaten mit Handrührgerät mit Rührbesen auf höchster Stufe verrühren. Dann Haselnusskerne und Schokolade unterrühren.*

Herrentorte

Zutaten

Für den Teig:
50 g Weizenmehl
2 gestr. TL Backpulver
25 g Kakaopulver
100 g Zucker
1 Pck. Vanillin-Zucker
2 Eier (Größe M)
100 g zerlassene, abgekühlte Butter oder Margarine
125 g gemahlene Haselnusskerne

Für den Belag:
250 g Preiselbeer-Auslese
400 ml Schlagsahne
1 Pck. Vanillin-Zucker
2 Pck. Sahnesteif
250 ml (¼ l) Eierlikör

Zubereitungszeit:
50 Minuten, ohne Abkühlzeit

Insgesamt:
E: 65 g, F: 316 g, Kh: 341 g,
kJ: 20811, kcal: 4971

MIT ALKOHOL

1 Für den Teig Mehl mit Backpulver und Kakao mischen, in eine verschließbare Schüssel (3-Liter-Inhalt) sieben, mit Zucker und Vanillin-Zucker mischen. Eier und Butter oder Margarine hinzufügen. Schüssel mit dem Deckel fest verschließen.

2 Mehrmals (insgesamt 15–30 Sekunden) kräftig schütteln, so dass alle Zutaten gut vermischt sind, Haselnusskerne hinzugeben. Alles mit einem Schneebesen oder Rührlöffel nochmals sorgfältig durchrühren, damit vor allem trockene Zutaten vom Rand mit untergerührt werden.

3 Den Teig in eine Springform (Ø 26 cm, Boden gefettet, mit Backpapier belegt) geben und glatt streichen. Die Form auf dem Rost in den Backofen schieben.

Ober-/Unterhitze: etwa 180 °C (vorgeheizt)
Heißluft: etwa 160 °C (vorgeheizt)
Gas: Stufe 2–3 (vorgeheizt)
Backzeit: etwa 25 Minuten.

4 Den Tortenboden etwa 10 Minuten in der Form stehen lassen, dann aus der Form lösen und auf einen mit Backpapier belegten Kuchenrost stürzen. Mitgebackenes Backpapier abziehen. Tortenboden erkalten lassen und auf eine Platte legen.

5 Für den Belag Preiselbeeren auf dem Tortenboden verteilen. Tortenboden in 12 Stücke schneiden.

6 Sahne mit Vanillin-Zucker und Sahnesteif steif schlagen. Sahne in einen Spritzbeutel mit Sterntülle füllen. Den Tortenrand dick mit der Sahne verzieren.

7 Die Torteninnenfläche mit dem Eierlikör begießen.

Tipp: *Der Tortenboden hält sich in Alufolie verpackt 1–2 Tage frisch. Er lässt sich sehr gut einfrieren. Sehr lecker schmeckt die Torte, wenn sie den fertig gebackenen Tortenboden mit Weinbrand tränken. Dafür 4 Esslöffel Weinbrand mit 2 Esslöffeln Wasser und 1 Esslöffel Zucker verrühren.*

Espressotorte mit Baisersahne

Zutaten

Für den Teig:
200 g Weizenmehl
50 g Speisestärke
3 gestr. TL Backpulver
150 g Zucker
1 Pck. Bourbon-Vanille-Zucker
2 gestr. EL Instant-Espresso-Pulver
3 Eier (Größe M)
125 g zerlassene, abgekühlte Butter oder Margarine
125 ml (⅛ l) Milch

Für den Belag:
1 Pck. Schoko-Baiser-Törtchen (75 g, 6 Stück)
2–3 EL Orangenlikör
500 ml (½ l) Schlagsahne
1 EL gesiebter Puderzucker
2 Pck. Sahnesteif

Zum Bestäuben:
1 EL Kakaopulver
1 EL Instant-Espresso-Pulver

Zubereitungszeit:
50 Minuten, ohne Kühlzeit

Insgesamt:
E: 69 g, F: 288 g, Kh: 448 g,
kJ: 20466, kcal: 4891

RAFFINIERT - MIT ALKOHOL

1 Für den Teig Mehl mit Speisestärke und Backpulver mischen, in eine verschließbare Schüssel (3-Liter-Inhalt) sieben, mit Zucker, Vanille-Zucker und Espresso-Pulver mischen. Eier, Butter oder Margarine und Milch hinzufügen. Schüssel mit dem Deckel fest verschließen.

2 Mehrmals (insgesamt 15–30 Sekunden) kräftig schütteln, so dass alle Zutaten gut vermischt sind. Alles mit einem Schneebesen oder Rührlöffel nochmals sorgfältig durchrühren, damit vor allem trockene Zutaten vom Rand mit untergerührt werden.

3 Den Teig in eine Springform (Ø 26 cm, gefettet) füllen und glatt streichen. Die Form auf dem Rost in den Backofen schieben.

Ober-/Unterhitze: etwa 180 °C (vorgeheizt)
Heißluft: etwa 160 °C (nicht vorgeheizt)
Gas: Stufe 2–3 (nicht vorgeheizt)
Backzeit: 35–40 Minuten.

4 Die Form auf einen Kuchenrost stellen. Den Gebäckboden in der Form erkalten lassen.

5 Für den Belag Baiser-Törtchen mit einem Messer fein hacken und mit Orangenlikör beträufeln.

6 Sahne mit Puderzucker und Sahnesteif steif schlagen. Baiserstückchen unterheben.

7 Den Gebäckboden aus der Form lösen und auf eine Tortenplatte legen. Die Baisersahne kuppelförmig auf den Gebäckboden streichen.

8 Zum Bestäuben Kakao und Espresso-Pulver mischen. Die Torte damit bestäuben. Torte etwa 2 Stunden kalt stellen.

Himbeer-Schokoladen-Torte

(Titelfoto)

Zutaten

Für den Teig:
200 g Weizenmehl
3 gestr. TL Backpulver
125 g Zucker
1 Pck. Vanillin-Zucker
3 Eier (Größe M)
100 g zerlassene, abgekühlte Butter oder Margarine
100 ml Schlagsahne

Für die Füllung:
300 g frische Himbeeren
1 Pck. Tortenguss, klar
50 g Zucker
250 ml (¼ l) Himbeersaft

Für den Belag:
150 g Zartbitterschokolade
300 ml Schlagsahne
1 Pck. Sahnesteif

Zum Bestreuen:
25 g weiße, geschabte Kuvertüre oder Schokolade

Zum Garnieren:
einige Himbeeren

Zubereitungszeit:
30 Minuten, ohne Kühlzeit

Insgesamt:
E: 72 g, F: 287 g, Kh: 477 g, kJ: 20681, kcal: 4943

FÜR GÄSTE

Sehr wenig Teig

1 Für den Teig Mehl mit Backpulver mischen, in eine verschließbare Schüssel (3-Liter-Inhalt) sieben, mit Zucker und Vanillin-Zucker mischen. Eier, Butter oder Margarine und Sahne hinzufügen. Schüssel mit dem Deckel fest verschließen.

2 Mehrmals (insgesamt 15–30 Sekunden) kräftig schütteln, so dass alle Zutaten gut vermischt sind. Alles mit einem Schneebesen oder Rührlöffel nochmals sorgfältig durchrühren, damit vor allem trockene Zutaten vom Rand mit untergerührt werden.

3 Den Teig in eine Springform (Ø 26 cm, Boden gefettet) geben und glatt streichen. Die Form auf dem Rost in den Backofen schieben.

Ober-/Unterhitze: etwa 180 °C (vorgeheizt)
Heißluft: etwa 160 °C (vorgeheizt)
Gas: Stufe 2–3 (vorgeheizt)
Backzeit: etwa 25 Minuten.

4 Den Tortenboden aus der Form lösen und auf einen mit Backpapier belegten Kuchenrost stürzen. Tortenboden erkalten lassen und einmal waagerecht durchschneiden. Den unteren Tortenboden auf eine Kuchenplatte legen.

5 Für die Füllung Himbeeren verlesen, evtl. waschen und trockentupfen. Einen Guss aus Tortengusspulver, Zucker und Himbeersaft nach Packungsanleitung zubereiten. Himbeeren vorsichtig unterheben.

6 Die Himbeermasse sofort auf dem unteren Tortenboden verteilen. Den oberen Tortenboden darauf legen und leicht andrücken. Die Torte etwa 30 Minuten kalt stellen.

7 Für den Belag Schokolade im Wasserbad unter Rühren schmelzen, etwas abkühlen lassen. Sahne mit Sahnesteif steif schlagen. Schokolade vorsichtig unterrühren. Die Schokoladensahne auf die Tortenoberfläche geben und mit einem Löffel wellenförmig verteilen. Kuvertüre oder Schokolade darauf streuen und mit Himbeeren garnieren. Die Torte nochmals etwa 30 Minuten kalt stellen.

Tipp: *Anstelle von frischen Himbeeren können auch TK-Himbeeren verwendet werden.*

Kuchen vom Blech

Rotweinschnitten

Zutaten

Zum Vorbereiten:
80 g Edelbitterschokolade
(70 % Kakaoanteil)

Für den Teig:
150 g Weizenmehl
2 gestr. TL Backpulver
150 g Zucker
1 Pck. Vanillin-Zucker
100 g abgezogene,
gemahlene Mandeln
2 Eier (Größe M)
150 g zerlassene, abgekühlte
Butter oder Margarine
6 EL Milch

Für die Füllung:
200 ml Schlagsahne
1 TL gesiebter Puderzucker
1 Pck. Sahnesteif
1 Pck. Rotwein Creme
(Dessertpulver für 325 ml
Flüssigkeit)
4 EL kaltes Wasser

Zum Bestreichen:
2 EL Johannisbeer- oder
Sauerkirschkonfitüre
1 EL Wasser

Zum Garnieren und Verzieren:
200 g grüne und blaue, kernlose
Weintrauben
100 ml Schlagsahne
20 g Edelbitterschokolade
(70 % Kakaoanteil)

1 Zum Vorbereiten Schokolade in kleine Stücke brechen, in einem kleinen Topf im Wasserbad bei schwacher Hitze zu einer geschmeidigen Masse verrühren, abkühlen lassen.

2 Für den Teig Mehl mit Backpulver mischen, in eine verschließbare Schüssel (3-Liter-Inhalt) sieben, mit Zucker, Vanillin-Zucker und Mandeln mischen. Eier, Butter oder Margarine, die aufgelöste Schokolade und Milch hinzufügen. Schüssel mit dem Deckel fest verschließen.

3 Mehrmals (insgesamt 15–30 Sekunden) kräftig schütteln, so dass alle Zutaten gut vermischt sind. Alles mit einem Schneebesen oder Rührlöffel nochmals sorgfältig durchrühren, damit vor allem trockene Zutaten vom Rand mit untergerührt werden.

4 Den Teig auf ein Backblech (30 x 40 cm, gefettet, mit Backpapier belegt) geben und glatt streichen. Das Backblech in den Backofen schieben.

Ober-/Unterhitze: etwa 200 °C (vorgeheizt)
Heißluft: etwa 180 °C (vorgeheizt)
Gas: Stufe 3–4 (vorgeheizt)
Backzeit: 20–25 Minuten.

5 Die Gebäckplatte auf eine Arbeitsfläche oder auf Backpapier stürzen. Gebäckplatte erkalten lassen. Mitgebackenes Backpapier abziehen und die Gebäckplatte in der Mitte senkrecht halbieren.

6 Eine Gebäckhälfte auf eine rechteckige Platte legen und evtl. einen Backrahmen darumstellen.

7 Für die Füllung Sahne mit Puderzucker und Sahnesteif steif schlagen. Rotwein aus der Packung und 4 Esslöffel Wasser in eine fettfreie Rührschüssel geben. Dessertpulver hinzufügen. Creme nach Packungsanleitung zubereiten, steif geschlagene Sahne unterheben. Die Rotwein-Creme auf die untere Gebäckplatte streichen. Die zweite Gebäckhälfte darauf legen und andrücken.

(Fortsetzung Seite 90)

Zubereitungszeit:
35 Minuten, ohne Kühlzeit

Insgesamt:
E: 102 g, F: 320 g, Kh: 762 g,
kJ: 27528, kcal: 6552

MIT ALKOHOL

8 Zum Bestreichen Konfitüre und Wasser in einem kleinen Topf unter Rühren aufkochen lassen und durch ein Sieb streichen. Konfitüre auf den Kuchen streichen. Kuchen etwa 1 Stunde kalt stellen. Evtl. den Backrahmen lösen und entfernen.

9 Zum Garnieren und Verzieren Weintrauben waschen, entstielen, abtropfen lassen und halbieren. Den Kuchen in Stücke schneiden. Zum Verzieren Sahne steif schlagen. Die Kuchenstücke jeweils mit einem Teelöffel Sahne verzieren. Die Weintraubenhälften in die Sahne drücken. Schokolade mit einem Sparschäler darüber hobeln.

Möhrenkuchen

Zutaten

Für den Teig:
300 g Weizenmehl
3 gestr. TL Backpulver
200 g Zucker
2 Pck. Vanillin-Zucker
1 gestr. TL gemahlener Zimt
1 Prise Salz
1 Pck. Finesse Geriebene Zitronenschale
3 Eier (Größe M)
2 EL Zitronensaft
200 g zerlassene, abgekühlte Butter oder Margarine
125 ml (⅛ l) Möhrensaft
250 g fein geriebene Möhren
200 g nicht abgezogene, gemahlene Mandeln

Für den Guss:
200 g gesiebter Puderzucker
2 EL Rum
1–2 EL Wasser

Zubereitungszeit:
40 Minuten, ohne Abkühlzeit

Insgesamt
E: 100 g, F: 295 g, Kh: 672 g,
kJ: 25334, kcal: 6052

GUT VORZUBEREITEN - MIT ALKOHOL

1 Für den Teig Mehl mit Backpulver mischen, in eine verschließbare Schüssel (3-Liter-Inhalt) sieben, mit Zucker, Vanillin-Zucker, Zimt, Salz und Zitronenschale mischen. Eier, Zitronensaft, Butter oder Margarine und Möhrensaft hinzufügen. Schüssel mit dem Deckel fest verschließen.

2 Mehrmals (insgesamt 15–30 Sekunden) kräftig schütteln, so dass alle Zutaten gut vermischt sind. Möhren und Mandeln hinzugeben. Alles mit einem Schneebesen oder Rührlöffel nochmals sorgfältig durchrühren, damit vor allem trockene Zutaten vom Rand mit untergerührt werden.

3 Den Teig auf ein Backblech (30 x 40 cm, gefettet) geben und glatt streichen. Das Backblech in den Backofen schieben.

Ober-/Unterhitze: etwa 180 °C (vorgeheizt)
Heißluft: etwa 160 °C (vorgeheizt)
Gas: Stufe 2–3 (vorgeheizt)
Backzeit: etwa 30 Minuten.

4 Das Backblech auf einen Kuchenrost stellen. Den Kuchen erkalten lassen.

5 Für den Guss Puderzucker mit Rum und Wasser zu einer dickflüssigen Masse verrühren. Den Guss auf den Kuchen streichen. Guss fest werden lassen.

Beeren-Schmand-Kuchen

Zutaten

Für den Teig:
600 g Weizenmehl
200 g Zucker
2 TL gemahlener Zimt
1 Prise Salz
1 Ei (Größe M)
300 g zerlassene, abgekühlte Butter oder Margarine

Für den Guss:
400 g Schmand
3 Eier (Größe M)
70 g Zucker
1 Pck. Finesse Geriebene Zitronenschale

Für den Belag:
450 g gemischte, frische Beerenfrüchte, z. B. Johannisbeeren, Heidelbeeren, Brombeeren oder TK-Beerenfrüchte

Zum Bestäuben:
evtl. 4 EL Puderzucker

Zubereitungszeit:
45 Minuten, ohne Abkühlzeit

Insgesamt:
E: 113 g, F: 363 g, Kh: 786 g, kJ: 29725, kcal: 7103

EINFACH

1 Jeweils für den Teig Mehl in eine verschließbare Schüssel (3-Liter-Inhalt) sieben, mit Zucker, Zimt und Salz mischen. Ei und Butter oder Margarine hinzufügen. Schüssel mit dem Deckel fest verschließen.

2 Mehrmals (insgesamt 15–30 Sekunden) kräftig schütteln, so dass alle Zutaten gut vermischt sind. Alles mit einem Schneebesen oder Rührlöffel nochmals sorgfältig durchrühren, damit vor allem trockene Zutaten vom Rand mit untergerührt werden. Den Teig mit Hilfe einer Gabel zu Streuseln verarbeiten.

3 Für den Guss Schmand, Eier, Zucker und Zitronenschale verrühren.

4 Für den Belag Beerenfrüchte putzen, waschen, abtropfen lassen und evtl. entstielen. TK-Beerenfrüchte auftauen und in einem Sieb abtropfen lassen.

5 Zwei Drittel der Teigstreusel auf ein Backblech (30 x 40 cm, gefettet) geben und etwas andrücken. Den Schmandguss darauf streichen. Beerenfrüchte darauf verteilen und die restlichen Teigstreusel darüber streuen. Das Backblech in den Backofen schieben.

Ober-/Unterhitze: etwa 180 °C (vorgeheizt)
Heißluft: etwa 160 °C (nicht vorgeheizt)
Gas: Stufe 2-3 (nicht vorgeheizt)
Backzeit: etwa 40 Minuten.

6 Das Backblech auf einen Kuchenrost stellen. Den Kuchen erkalten lassen und evtl. mit Puderzucker bestäuben.

Tipp: *Der Kuchen lässt sich sehr gut einfrieren. Dann den Kuchen aufgetaut bei Ober-/Unterhitze: etwa 160 °C (vorgeheizt), Heißluft: etwa 140 °C (vorgeheizt), Gas: Stufe 1–2 in etwa 5 Minuten wieder aufbacken. Der Teig kann mit Handrührgerät mit Knethaken zu Streuseln verarbeitet werden.*
Den Schüttelteig in 2 Portionen zubereiten.

Zucchini-Apfel-Kuchen

Zutaten

Für den Teig:
250 g Weizenmehl
4 gestr. TL Backpulver
100 g Zwiebackbrösel
200 g Rohrzucker
1 Pck. Bourbon-Vanille-Zucker
1 Pck. Finesse Geriebene Zitronenschale
3 Eier (Größe M)
200 ml Speiseöl
1 Becher (150 g) Crème fraîche
125 ml (⅛ l) Apfelsaft
250 g geraspelte Zucchini
150 g geraspelte Äpfel

Für den Guss:
100 g gesiebter Puderzucker
1–2 EL Zitronensaft

Zubereitungszeit:
40 Minuten, ohne Abkühlzeit

Insgesamt:
E: 70 g, F: 276 g, Kh: 600 g,
kJ: 22274, kcal: 5323

GUT VORZUBEREITEN

1 Für den Teig Mehl mit Backpulver mischen, in eine verschließbare Schüssel (3-Liter-Inhalt) sieben, mit Zwiebackbröseln, Rohrzucker, Vanille-Zucker und Zitronenschale mischen. Eier, Speiseöl, Crème fraîche und Apfelsaft hinzufügen. Schüssel mit dem Deckel fest verschließen.

2 Mehrmals (insgesamt 15–30 Sekunden) kräftig schütteln, so dass alle Zutaten gut vermischt sind. Zuccini- und Apfelraspel evtl. etwas ausdrücken und hinzufügen. Alles mit einem Schneebesen oder Rührlöffel nochmals sorgfältig durchrühren, damit vor allem trockene Zutaten vom Rand mit untergerührt werden.

3 Den Teig auf ein Backblech (30 x 40 cm, gefettet) geben und glatt streichen. Das Backblech in den Backofen schieben.

Ober-/Unterhitze: etwa 180 °C (vorgeheizt)
Heißluft: etwa 160 °C (nicht vorgeheizt)
Gas: Stufe 2–3 (nicht vorgeheizt)
Backzeit: etwa 35 Minuten.

4 Das Backblech auf einen Kuchenrost stellen. Den Kuchen erkalten lassen.

5 Für den Guss Puderzucker mit Zitronensaft zu einer dickflüssigen Masse verrühren. Den Kuchen damit besprenkeln und den Guss fest werden lassen.

Tipp: *Statt 150 g Crème fraîche können Sie auch 200 g Schmand verwenden. Sie können den Kuchen auch nur mit geraspelten Äpfeln zubereiten, dann 400 g geraspelte Äpfel unter den Teig rühren.*

geht schnell & schmeckt gut
-> geht allerdings nicht auf !
Optik ^^

Blechkuchen mit Windbeuteln

Zutaten

Für den Teig:
300 g Weizenmehl
3 gestr. TL Backpulver
150 g Zucker
1 gestr. TL Finesse Geriebene Zitronenschale
1 gestr. TL Finesse Orangenfrucht
4 Eier (Größe M)
100 ml Speiseöl
150 g Magermilchjoghurt

Für den Belag:
5 Blatt rote Gelatine
1 Becher (500 g) Rote Grütze, Kühlregal
1 Pck. (300 g, etwa 24 Stück) TK-Mini-Windbeutel

250 ml (¼ l) Schlagsahne
1 EL gesiebter Puderzucker
1 Pck. Sahnesteif

Zum Bestäuben:
1 EL Puderzucker

Zubereitungszeit:
45 Minuten, ohne Kühlzeit

Insgesamt:
E: 96 g, F: 266 g, Kh: 472 g, kJ: 20286, kcal: 4848

RAFFINIERT - FÜR GÄSTE

1 Für den Teig Mehl mit Backpulver mischen, in eine verschließbare Schüssel (3-Liter-Inhalt) sieben, mit Zucker, Zitronenschale und Orangenfrucht mischen. Eier, Speiseöl und Joghurt hinzufügen. Schüssel mit dem Deckel fest verschließen.

2 Mehrmals (insgesamt 15–30 Sekunden) kräftig schütteln, so dass alle Zutaten gut vermischt sind. Alles mit einem Schneebesen oder Rührlöffel nochmals sorgfältig durchrühren, damit vor allem trockene Zutaten vom Rand mit untergerührt werden.

3 Den Teig auf ein Backblech (30 x 40 cm, gefettet, mit Backpapier belegt) geben und glatt streichen. Das Backblech in den Backofen schieben.

Ober-/Unterhitze: etwa 200 °C (vorgeheizt)
Heißluft: etwa 180 °C (vorgeheizt)
Gas: Stufe 3–4 (vorgeheizt)
Backzeit: etwa 25 Minuten.

4 Das Backblech auf einen Kuchenrost stellen. Den Gebäckboden erkalten lassen. Dann vom Backpapier lösen und auf eine Platte legen. Gebäckkanten gerade schneiden. Einen Backrahmen darumstellen.

5 Für den Belag Gelatine in kaltem Wasser nach Packungsanleitung einweichen, leicht ausdrücken. Die ausgedrückte Gelatine in einem kleinen Topf unter Rühren erwärmen (nicht kochen), bis sie völlig gelöst ist, leicht abkühlen lassen.

6 Gelatine mit 4 Esslöffeln von der Roten Grütze verrühren, dann mit der restlichen Roten Grütze verrühren. Die Masse auf den Gebäckboden streichen. Kalt stellen, bis die Rote Grütze fest ist.

7 Windbeutel nach Packungsanleitung auftauen lassen. Sahne mit Puderzucker und Sahnesteif steif schlagen. Sahne in einen Spritzbeutel mit Lochtülle (Ø 10 mm) füllen.

8 Den Backrahmen lösen und entfernen. Den Kuchen in 24 Stücke schneiden. Auf jedes Kuchenstück mehrere Sahnetupfen spritzen. Die Windbeutel mit Puderzucker bestäuben. Auf jedes Kuchenstück einen Windbeutel setzen.

Ameisenkuchen

Zutaten

Für den Teig:
300 g Weizenmehl
3 gestr. TL Backpulver
300 g Zucker
2 Pck. Vanillin-Zucker
4 Eier (Größe M)
300 g zerlassene, abgekühlte Butter oder Margarine
300 ml Eierlikör
150 g Zartbitter-Schokostreusel

Für den Guss:
200 g weiße Kuvertüre
10 g Kokosfett

Zum Bestreuen:
Vollmilch- oder Zartbitter-Schokoladenstreusel

Zubereitungszeit:
25 Minuten, ohne Abkühlzeit

Insgesamt:
E: 109 g, F: 420 g, Kh: 814 g, kJ: 33910, kcal: 8100

MIT ALKOHOL

1 Für den Teig Mehl mit Backpulver mischen, in eine verschließbare Schüssel (3-Liter-Inhalt) sieben, mit Zucker und Vanillin-Zucker mischen. Eier, Butter oder Margarine und Eierlikör hinzufügen. Schüssel mit dem Deckel fest verschließen.

2 Mehrmals (insgesamt 15–30 Sekunden) kräftig schütteln, so dass alle Zutaten gut vermischt sind. Schokostreusel hinzugeben. Alles mit einem Schneebesen oder Rührlöffel nochmals sorgfältig durchrühren, damit vor allem trockene Zutaten vom Rand mit untergerührt werden.

3 Den Teig auf ein Backblech (30 x 40 cm, gefettet, mit Backpapier belegt) streichen. An der offenen Seite des Backbleches das Backpapier unmittelbar vor dem Teig zur Falte knicken, so dass ein Rand entsteht. Das Backblech in den Backofen schieben.

Ober-/Unterhitze: etwa 180 °C (vorgeheizt)
Heißluft: etwa 160 °C (vorgeheizt)
Gas: Stufe 2–3 (vorgeheizt)
Backzeit: 15–20 Minuten.

4 Das Backblech auf einen Kuchenrost stellen. Den Kuchen erkalten lassen.

5 Für den Guss Kuvertüre in kleine Stücke schneiden, mit dem Kokosfett in einem kleinen Topf im Wasserbad bei schwacher Hitze zu einer geschmeidigen Masse verrühren.

6 Den Kuchen mit zwei Drittel der Kuvertüre bestreichen. Restliche Kuvertüre auf ein Platte gießen, fest werden lassen und zu Locken schaben.

7 Den Kuchen mit Schokoladenstreuseln bestreuen und mit Kuvertürelocken garnieren.

Tipp: *Sie können den Ameisenkuchen auch in einer Springform (Ø 26 cm, mit Backpapier belegt) backen. Dazu die Zutatenmenge halbieren und den Kuchen bei der oben angegebenen Backtemperatur etwa 40 Minuten backen.*

Bananen-Schokoladen-Schnitten

Zutaten

Für den Teig:
3 Tassen (je 100 g) Weizenmehl
3 gestr. TL Backpulver
2 Tassen (je 150 g) Zucker
1 Prise Salz
4 Eier (Größe M)
3 mittelgroße, mit einer Gabel zerdrückte Bananen
½ Pck. (125 g) zerlassene, abgekühlte Butter oder Margarine
1 Tasse (100 ml) Milch
1 Tafel (100 g) gehackte Zartbitterschokolade
1 Tasse (75 g) gehackte Walnusskerne

Zum Bestäuben:
1 EL Kakaopulver

Nach Belieben zum Garnieren:
4 Minibananen oder
2 Bananen
Walnusskernhälften

Zubereitungszeit:
35 Minuten, ohne Abkühlzeit

Insgesamt:
E: 87 g, F: 181 g, Kh: 659 g, kJ: 19941, kcal: 4765

FÜR KINDER

1 Für den Teig Mehl mit Backpulver mischen, in eine verschließbare Schüssel (3-Liter-Inhalt) sieben, mit Zucker und Salz mischen. Eier, Bananenmus, Butter oder Margarine und Milch hinzufügen. Schüssel mit dem Deckel fest verschließen.

2 Mehrmals (insgesamt 15–30 Sekunden) kräftig schütteln, so dass alle Zutaten gut vermischt sind. Schokolade und Walnusskerne hinzugeben. Alles mit einem Schneebesen oder Rührlöffel nochmals sorgfältig durchrühren, damit vor allem trockene Zutaten vom Rand mit untergerührt werden.

3 Einen Backrahmen in der Größe von 18 x 30 cm auf ein Backblech (30 x 40 cm, gefettet) setzen. Den Teig in den Backrahmen geben und glatt streichen. Das Backblech in den Backofen schieben.

Ober/Unterhitze: etwa 180 °C (vorgeheizt)
Heißluft: etwa 160 °C (nicht vorgeheizt)
Gas: Stufe 2–3 (nicht vorgeheizt)
Backzeit: 30–35 Minuten.

4 Das Backblech auf einen Kuchenrost stellen. Den Kuchen erkalten lassen. Backrahmen lösen und entfernen.

5 Den Kuchen in 12 Stücke schneiden und mit Kakao bestäuben. Nach Belieben Bananen in Scheiben schneiden. Den Kuchen mit den Bananenscheiben und Walnusskernhälften garnieren.

Tipp: *Der Kuchen kann auch in einer Springform (Ø 26 cm, Boden gefettet) zubereitet werden. Sie können die Schnitten sehr gut einfrieren. Dann die Schnitten nach dem Auftauen mit Kakao bestäuben und mit Bananenscheiben garnieren. Wenn Sie ein ganzes Backblech von den Bananen-Schokoladen-Schnitten zubereiten möchten, müssen Sie die 1 ½-fache Teigmenge zubereiten. Die Schnitten vor dem Garnieren mit 50 g aufgelöster Schokolade besprenkeln.*

Pfirsichschnitten

Zutaten

Zum Vorbereiten:
2 Dosen Tortenpfirsiche (Abtropfgewicht je 480 g)

Für den Teig:
200 g Weizenmehl
3 gestr. TL Backpulver
150 g Zucker
1 Pck. Vanillin-Zucker
1 Pck. Finesse Geriebene Zitronenschale
1 Prise Salz
4 Eier (Größe M)
125 g zerlassene, abgekühlte Butter oder Margarine

Für die Streusel:
150 g Weizenmehl
100 g Zucker
1 Pck. Vanillin-Zucker
100 g Butter oder Margarine

Für den Guss:
100 g gesiebter Puderzucker
2 EL Zitronensaft

Zubereitungszeit:
60 Minuten

Insgesamt:
E: 74 g, F: 216 g, Kh: 809 g, kJ: 23644, kcal: 5651

FRUCHTIG

1 Zum Vorbereiten Pfirsichspalten in einem Sieb abtropfen lassen.

2 Für den Teig Mehl mit Backpulver mischen, in eine verschließbare Schüssel (3-Liter-Inhalt) sieben, mit Zucker, Vanillin-Zucker, Zitronenschale und Salz mischen. Eier und Butter oder Margarine hinzufügen. Schüssel mit dem Deckel fest verschließen.

3 Mehrmals (insgesamt 15–30 Sekunden) kräftig schütteln, so dass alle Zutaten gut vermischt sind. Alles mit einem Schneebesen oder Rührlöffel nochmals sorgfältig durchrühren, damit vor allem trockene Zutaten vom Rand mit untergerührt werden.

4 Den Teig auf ein Backblech (30 x 40 cm, gefettet) geben und glatt streichen. Die abgetropften Pfirsichspalten gleichmäßig auf den Teig legen.

5 Für die Streusel Mehl in eine Rührschüssel sieben, mit Zucker und Vanillin-Zucker mischen, Butter oder Margarine hinzufügen. Alle Zutaten mit Handrührgerät mit Knethaken zu Streuseln von gewünschter Größe verarbeiten.

6 Die Streusel auf den Pfirsichspalten verteilen. Das Backblech in den Backofen schieben.

Ober-/Unterhitze: etwa 180 °C (vorgeheizt)
Heißluft: etwa 160 °C (vorgeheizt)
Gas: Stufe 2–3 (vorgeheizt)
Backzeit: etwa 25 Minuten.

7 Das Backblech auf einen Kuchenrost stellen.

8 Für den Guss Puderzucker und Zitronensaft zu einer dickflüssigen Masse verrühren. Den Guss mit Hilfe eines Pinsels auf den warmen Kuchen streichen. Den Kuchen erkalten lassen und in Schnitten von beliebiger Größe schneiden.

Schoko-Blechkuchen

Zutaten

450 g (6 Platten) TK-Blätterteig

Zum Vorbereiten:
150 g Edelbitterschokolade
(60 % Kakaoanteil)

Für den Teig:
250 g Weizenmehl
3 gestr. TL Backpulver
170 g Zucker
1 Pck. Bourbon-Vanille-Zucker
4 Eier (Größe M)
125 ml (⅛ l) Speiseöl
125 ml (⅛ l) Buttermilch

Zum Bestreichen:
1 Eigelb
1 EL Milch

Für den Guss:
50 g Edelbitterschokolade
(60 % Kakaoanteil)
20 g Butter

Zubereitungszeit:
etwa 40 Minuten, ohne Auftau- und Abkühlzeit

Insgesamt:
E: 102 g, F: 369 g, Kh: 610 g, kJ: 26583, kcal: 6342

RAFFINIERT

1 Blätterteigplatten zugedeckt nebeneinander auftauen lassen. Zum Vorbereiten Schokolade in kleine Stücke brechen, in einem kleinen Topf im Wasserbad bei schwacher Hitze zu einer geschmeidigen Masse verrühren. Die Masse lauwarm abkühlen lassen.

2 Für den Teig Mehl mit Backpulver mischen, in eine verschließbare Schüssel (3-Liter-Inhalt) sieben, mit Zucker und Vanille-Zucker mischen. Eier, Speiseöl, aufgelöste Schokolade und Buttermilch hinzufügen. Schüssel mit dem Deckel fest verschließen. Mehrmals (insgesamt 15–30 Sekunden) kräftig schütteln, so dass alle Zutaten gut vermischt sind. Alles mit einem Schneebesen oder Rührlöffel nochmals sorgfältig durchrühren, damit vor allem trockene Zutaten vom Rand mit untergerührt werden.

3 Den Teig auf ein Backblech oder in eine Fettfangschale (30 x 40 cm, gefettet, gemehlt) geben und glatt streichen. Einen Backrahmen darumstellen.

4 Zum Bestreichen Eigelb und Milch verschlagen. Die Ränder der Blätterteigplatten rundherum gerade schneiden. Platten mit einer Gabel mehrfach einstechen. Jede Platte in Rechtecke (etwa 2 x 6 cm) schneiden. Die Blätterteig-Rechtecke mit der Eigelbmilch bestreichen und dicht an dicht auf den Teig legen. Das Backblech oder die Fettfangschale in den Backofen schieben.

Ober-/Unterhitze: etwa 200 °C (vorgeheizt)
Heißluft: etwa 180 °C (vorgeheizt)
Gas: Stufe 3–4 (vorgeheizt)
Backzeit: etwa 25 Minuten.

5 Das Backblech oder die Fettfangschale auf einen Kuchenrost stellen. Den Kuchen erkalten lassen.

6 Für den Guss Schokolade in kleine Stücke brechen, mit der Butter in einem kleinen Topf im Wasserbad bei schwacher Hitze zu einer geschmeidigen Masse verrühren. Den Guss in einen Gefrierbeutel füllen, eine kleine Ecke abschneiden. Den Kuchen mit dem Guss besprenkeln. Guss trocknen lassen. Den Backrahmen lösen und entfernen.

Tipp: *Den Kuchen zuerst mit Guss verzieren, dann zusätzlich mit Hagelzucker oder bunten Zuckerperlen bestreuen.*

Aprikosenkuchen

Zutaten

Für den Teig:
450 g Weizenmehl
1 Pck. Trockenhefe
100 g Zucker
1 Prise Salz
abgeriebene Schale von
1 Zitrone (unbehandelt)
2 Eier (Größe M)
125 g zerlassene, abgekühlte
Butter oder Margarine
200 ml lauwarme Milch

Für die Füllung:
1 Dose Aprikosenhälften
(Abtropfgewicht 500 g)
abgeriebene Schale und Saft
von 1 Limette (unbehandelt)
300 g Marzipan-Rohmasse

Zum Bestreuen:
1 TL gemahlener Zimt
4 EL Zucker
50 g abgezogene, gehobelte
Mandeln

50 g Butter

Zubereitungszeit:
40 Minuten, ohne Teiggehzeit

Insgesamt:
E: 124 g, F: 301 g, Kh: 708 g,
kJ: 26377, kcal: 6300

DAUERT ETWAS LÄNGER

1 Für den Teig Mehl in eine verschließbare Schüssel (3-Liter-Inhalt) sieben, mit Trockenhefe, Zucker, Salz und Zitronenschale mischen. Eier, Butter oder Margarine und Milch hinzufügen. Schüssel mit dem Deckel fest verschließen.

2 Mehrmals (insgesamt 15–30 Sekunden) kräftig schütteln, so dass alle Zutaten gut vermischt sind. Alles mit einem Schneebesen oder Rührlöffel nochmals sorgfältig durchrühren, damit vor allem trockene Zutaten vom Rand mit untergerührt werden. Den Teig zugedeckt so lange an einem warmen Ort gehen lassen, bis er sich sichtbar vergrößert hat (etwa 30 Minuten).

3 Für die Füllung Aprikosenhälften in einem Sieb abtropfen lassen. Die Hälfte der Aprikosenhälften in Spalten schneiden.

4 Restliche Aprikosenhälften pürieren. Limettenschale und -saft unterrühren. Marzipan-Rohmasse auf einer Haushaltsreibe reiben und zum Aprikosenpüree geben.

5 Den gegangenen Teig leicht mit Mehl bestäuben, aus der Schüssel nehmen und auf einer bemehlten Arbeitsfläche nochmals kurz durchkneten. Die Hälfte des Teiges auf einem Backblech (30 x 40 cm, gefettet) ausrollen. Aprikosen-Marzipan-Masse darauf geben und glatt streichen. Aprikosenspalten darauf verteilen. Restlichen Teig auf der bemehlten Arbeitsfläche zu einem Rechteck (etwa 30 x 40 cm) ausrollen. Teigplatte auf die Aprikosen-Marzipan-Masse legen.

6 Zum Bestreuen Zimt und Zucker mischen. Mandeln und Zimt-Zucker auf den Teig streuen. Butterflöckchen darauf setzen. Das Backblech in den Backofen schieben.

Ober-/Unterhitze: etwa 180 °C (vorgeheizt)
Heißluft: etwa 160 °C (vorgeheizt)
Gas: Stufe 2–3 (vorgeheizt)
Backzeit: etwa 25 Minuten.

7 Das Backblech auf einen Kuchenrost stellen. Den Kuchen erkalten lassen und in Stücke schneiden.

Muffins & Küchlein

Kokosbömbchen

Zutaten

Für den Teig:
100 g Weizenmehl
1 gestr. TL Backpulver
50 g Zucker
1 Pck. Vanillin-Zucker
2 Eier (Größe M)
50 g zerlassene, abgekühlte Butter oder Margarine
50 g Kokosraspel
1 kleine Dose Kokosnuss-Extrakt (Einwaage 165 g)

Zum Bestreichen:
40 g weiße Schokolade

Zum Bestreuen:
etwa 30 g Kokosraspel

Zum Garnieren:
4 Kokoskonfekt-Kugeln

Ausserdem:
8 kleine, neue Blumentöpfe (Ø unten etwa 3 cm, Ø oben etwa 5,5 cm, Höhe etwa 5 cm)

Zubereitungszeit:
30 Minuten, ohne Abkühlzeit

Insgesamt:
E: 40 g, F: 173 g, Kh: 253 g, kJ: 11689, kcal: 2793

RAFFINIERT

1 Für den Teig Mehl mit Backpulver mischen, in eine verschließbare Schüssel (3-Liter-Inhalt) sieben, mit Zucker und Vanillin-Zucker mischen. Eier und Butter oder Margarine hinzufügen. Schüssel mit dem Deckel fest verschließen.

2 Mehrmals (insgesamt 15–30 Sekunden) kräftig schütteln, so dass alle Zutaten gut vermischt sind. Kokosraspel und Kokosnuss-Extrakt hinzugeben. Alles mit einem Schneebesen oder Rührlöffel nochmals sorgfältig durchrühren, damit vor allem trockene Zutaten vom Rand mit untergerührt werden.

3 Den Teig in die neuen Blumentöpfe (gut gesäubert, gefettet, Boden mit Backpapier belegt) geben und glatt streichen. Die Blumentöpfe auf dem Rost in den Backofen schieben.

Ober-/Unterhitze: etwa 180 °C (vorgeheizt)
Heißluft: etwa 160 °C (vorgeheizt)
Gas: Stufe 2–3 (vorgeheizt)
Backzeit: etwa 30 Minuten.

4 Die Blumentöpfe auf einen Kuchenrost stellen und etwa 5 Minuten stehen lassen. Die Törtchen vom Rand lösen, herausnehmen und auf einem mit Backpapier belegten Kuchenrost erkalten lassen.

5 Zum Bestreichen Schokolade im Wasserbad unter Rühren schmelzen. Die Törtchenoberfläche damit bestreichen und mit Kokosraspeln bestreuen.

6 Zum Garnieren Konfekt-Kugeln mit einem Sägemesser halbieren. Die Törtchenoberfläche mit je einer Konfekt-Kugelhälfte garnieren und andrücken. Schokolade fest werden lassen.

Kirschherzen

Zutaten

Zum Vorbereiten:
1 Glas Sauerkirschen (Abtropfgewicht 370 g)

Für den Teig:
200 g Weizenmehl
2 gestr. TL Backpulver
2 Pck. Fruttina, Kirsch-Geschmack
150 g Zucker
1 Pck. Vanillin-Zucker
3 Eier (Größe M)
150 g zerlassene, abgekühlte Butter oder Margarine
6 EL Sauerkirschsaft

Für den Guss:
100 g gesiebter Puderzucker
1–2 EL Sauerkirschsaft

Zubereitungszeit:
20 Minuten, ohne Abkühlzeit

Insgesamt:
E: 48 g, F: 146 g, Kh: 714 g,
kJ: 16341, kcal: 3897

FÜR KINDER

1 Zum Vorbereiten Sauerkirschen in einem Sieb gut abtropfen lassen, den Saft dabei auffangen.

2 Für den Teig Mehl mit Backpulver und Pudding-Pulver mischen, in eine verschließbare Schüssel (3-Liter-Inhalt) sieben, mit Zucker und Vanillin-Zucker mischen. Eier, Butter oder Margarine und Sauerkirschsaft hinzufügen. Schüssel mit dem Deckel fest verschließen.

3 Mehrmals (insgesamt 15–30 Sekunden) kräftig schütteln, so dass alle Zutaten gut vermischt sind. Alles mit einem Schneebesen oder Rührlöffel nochmals sorgfältig durchrühren, damit vor allem trockene Zutaten vom Rand mit untergerührt werden.

4 Den Teig halbieren. Eine Teighälfte in eine Herz-Muffinform (für 6 Herzförmchen, je 100 ml Inhalt, gefettet) geben, glatt streichen und mit der Hälfte der Sauerkirschen belegen. Die Form auf dem Rost in den Backofen schieben.

Ober-/Unterhitze: etwa 200 °C (vorgeheizt)
Heißluft: etwa 180 °C (vorgeheizt)
Gas: Stufe 3–4 (vorgeheizt)
Backzeit: 20–25 Minuten.

5 Die Form auf einen Kuchenrost stellen.

6 Für den Guss Puderzucker und Sauerkirschsaft zu einer dickflüssigen Masse verrühren. Die Herz-Muffins sofort mit dem Guss bestreichen. Die Herz-Muffins etwa 10 Minuten in der Form stehen lassen, dann aus den Förmchen lösen und auf einem Kuchenrost erkalten lassen.

7 Den restlichen Teig und die Sauerkirschen auf die gleiche Weise verarbeiten.

Tipp: *Die Muffins können auch in einer Muffinform (für 12 Muffins, gefettet) oder in einer Springform (Ø 26 cm, Boden gefettet) gebacken werden.*

Sesammuffins

Zutaten

Zum Vorbereiten:
5 EL (50 g) geschälte Sesamsamen
150 g rote Johannisbeeren

Für den Teig:
200 g Weizenmehl
50 g Speisestärke
2 gestr. TL Backpulver
150 g Zucker
3 Eier (Größe M)
½ Pck. (125 g) zerlassene, abgekühlte Butter oder Margarine
6–8 EL Buttermilch

Zum Bestreichen:
1–2 EL Honig

Zubereitungszeit:
etwa 40 Minuten, ohne Abkühlzeit

Insgesamt:
E: 61 g, F: 151 g, Kh: 384 g, kJ: 13600, kcal: 3248

FÜR KINDER

1 Zum Vorbereiten Sesam in einer Pfanne ohne Fett goldbraun rösten, erkalten lassen.

2 Johannisbeeren waschen, gut abtropfen lassen und entstielen.

3 Für den Teig Mehl, Speisestärke und Backpulver mischen, in eine verschließbare Schüssel (3-Liter-Inhalt) sieben, mit Zucker und 4 Esslöffeln Sesam mischen. Eier, Butter oder Margarine und Buttermilch hinzufügen. Schüssel mit dem Deckel fest verschließen.

4 Mehrmals (insgesamt 15–30 Sekunden) kräftig schütteln, so dass alle Zutaten gut vermischt sind. Alles mit einem Schneebesen oder Rührlöffel nochmals sorgfältig durchrühren, damit vor allem trockene Zutaten vom Rand mit untergerührt werden.

5 Den Teig in eine Muffinform (für 12 Muffins, mit Papierbackförmchen ausgelegt) geben und glatt streichen. Johannisbeeren auf dem Teig verteilen, leicht andrücken. Restlichen Sesam darauf streuen.

6 Die Form auf dem Rost in den Backofen schieben.

Ober-/Unterhitze: etwa 200 °C (vorgeheizt)
Heißluft: etwa 180 °C (vorgeheizt)
Gas: Stufe 3–4 (vorgeheizt)
Backzeit: 20–25 Minuten.

7 Die Muffins 10 Minuten in der Form stehen lassen, dann mit den Papierbackförmchen aus der Form nehmen und auf einen Kuchenrost setzen.

8 Zum Bestreichen Honig erwärmen. Die Muffins sofort damit bestreichen. Muffins erkalten lassen.

Rhabarber-Erdbeer-Muffins

Zutaten

Zum Vorbereiten:
150 g Rhabarber
150 g frische Erdbeeren

Für den Teig:
150 g Weizenmehl
1 Pck. Pudding-Pulver Vanille-Geschmack
3 gestr. TL Backpulver
120 g gesiebter Puderzucker
2 Pck. Bourbon-Vanille-Zucker
1 Prise Salz
3 Eier (Größe M)
175 g zerlassene, abgekühlte Butter oder Margarine
100 ml Milch
50 g Kokosraspel

Semmelbrösel für die Form

Zum Verzieren:
300 ml Schlagsahne
1 Pck. Vanillin-Zucker
1 Pck. Sahnesteif

Zum Garnieren:
100 g frische Erdbeeren

Zubereitungszeit:
50 Minuten, ohne Abkühlzeit

Insgesamt:
E: 57 g, F: 294 g, Kh: 336 g, kJ: 18176, kcal: 4344

FÜR KINDER

1 Zum Vorbereiten Rhabarber waschen, Stielenden und Blattansätze entfernen, Stangen in etwa 2 cm lange Stücke schneiden. Erdbeeren waschen, abtropfen lassen und entstielen.

2 Für den Teig Mehl mit Pudding-Pulver und Backpulver mischen, in eine verschließbare Schüssel (3-Liter-Inhalt) sieben, mit Puderzucker, Vanille-Zucker und Salz mischen. Eier, Butter oder Margarine und Milch hinzufügen. Schüssel mit dem Deckel fest verschließen.

3 Mehrmals (insgesamt 15–30 Sekunden) kräftig schütteln, so dass alle Zutaten gut vermischt sind. Kokosraspel hinzugeben. Alles mit einem Schneebesen oder Rührlöffel nochmals sorgfältig durchrühren, damit vor allem trockene Zutaten vom Rand mit untergerührt werden.

4 Den Teig in eine Muffinform (für 12 Muffins, gefettet, mit Semmelbröseln ausgestreut) geben und glatt streichen. Rhabarberstückchen und Erdbeeren in die Mitte der jeweiligen Förmchen geben. Die Form auf dem Rost in den Backofen schieben.

Ober-/Unterhitze: etwa 180 °C (vorgeheizt)
Heißluft: etwa 160 °C (vorgeheizt)
Gas: Stufe 2–3 (vorgeheizt)
Backzeit: 20–25 Minuten.

5 Die Muffins 10 Minuten in der Form stehen lassen, dann aus der Form lösen und auf einen Kuchenrost erkalten lassen.

6 Zum Verzieren Sahne mit Vanillin-Zucker und Sahnesteif steif schlagen, Sahne in einen Spritzbeutel mit Lochtülle füllen. Die Muffins damit verzieren.

7 Zum Garnieren Erdbeeren waschen, abtropfen lassen, entstielen und halbieren. Muffins mit den Erdbeeren garnieren.

Lebkuchenmuffins

Zutaten

Zum Vorbereiten:
12 getrocknete Soft-Aprikosen
75 g Marzipan-Rohmasse

Für den Teig:
200 g Weizenmehl
2 gestr. TL Backpulver
175 g Zucker
2 TL Lebkuchengewürz
1 Prise Salz
1 Pck. Finesse Orangenfrucht
3 Eier (Größe M)
Saft von 1 Orange
175 g zerlassene, abgekühlte Butter oder Margarine
100 ml Milch

Zum Verzieren:
50 g weiße Kuvertüre
50 g Vollmilch-Kuvertüre

Zubereitungszeit:
45 Minuten, ohne Abkühlzeit

Insgesamt:
E: 70 g, F: 231 g, Kh: 455 g, kJ: 18055, kcal: 4314

WEIHNACHTLICH

1 Zum Vorbereiten Aprikosen an der Seite etwa 1 cm tief einschneiden. Marzipan-Rohmasse klein schneiden, verkneten und 12 Kugeln daraus formen. Die Aprikosen mit dem Marzipan füllen.

2 Für den Teig Mehl mit Backpulver mischen, in eine verschließbare Schüssel (3-Liter-Inhalt) sieben, mit Zucker, Lebkuchengewürz, Salz und Orangenfrucht mischen. Eier, Orangensaft, Butter oder Margarine und Milch hinzufügen. Schüssel mit dem Deckel fest verschließen.

3 Mehrmals (insgesamt 15–30 Sekunden) kräftig schütteln, so dass alle Zutaten gut vermischt sind. Alles mit einem Schneebesen oder Rührlöffel nochmals sorgfältig durchrühren, damit vor allem trockene Zutaten vom Rand mit untergerührt werden.

4 Den Teig in eine Muffinform (für 12 Muffins, gefettet, gemehlt) füllen. Jeweils 1 gefüllte Aprikose in die Mitte des Teiges geben. Die Form auf dem Rost in den Backofen schieben.

Ober/Unterhitze: etwa 180 °C (vorgeheizt)
Heißluft: etwa 160 °C (vorgeheizt)
Gas: Stufe 2–3 (vorgeheizt)
Backzeit: etwa 25 Minuten.

5 Die Muffins 10 Minuten in der Form stehen lassen, dann aus der Form lösen und auf einen mit Backpapier belegten Kuchenrost stürzen. Muffins erkalten lassen.

6 Zum Verzieren beide Kuvertüresorten getrennt in Stücke hacken und jeweils in einem kleinen Topf im Wasserbad unter Rühren schmelzen. Kuvertüre getrennt in je ein Pergamentpapiertütchen geben, eine kleine Ecke abschneiden. Die Kuvertüre spiralförmig auf die Muffins spritzen. Guss fest werden lassen.

Möhrenwaffeln mit Erdbeeren

Zutaten

Zum Vorbereiten:
200 g Möhren
500 g frische Erdbeeren
3 EL Zucker
400 ml Schlagsahne
125 g Marzipan-Rohmasse

Für den Teig:
250 g Weizenmehl
2 gestr. TL Backpulver
125 g Zucker
1 TL gemahlener Zimt
abgeriebene Schale von
1 Zitrone (unbehandelt)
3 Eier (Größe M)
150 g zerlassene, abgekühlte
Butter oder Margarine
250 ml (1/4 l) Milch

Zum Bestäuben:
3–4 EL Puderzucker

Zubereitungszeit:
55 Minuten, ohne Külzeit

Insgesamt:
E: 90 g, F: 325 g, Kh: 472 g,
kJ: 22443, kcal: 5365

RAFFINIERT - FÜR GÄSTE

1 Zum Vorbereiten Möhren putzen, schälen, waschen, abtropfen lassen und auf einer Haushaltsreibe fein reiben und beiseite stellen.

2 Erdbeeren waschen, abtropfen lassen, entstielen und in Scheiben schneiden. Erdbeerscheiben mit 2 Esslöffeln Zucker bestreuen. Sahne mit dem restlichen Zucker fast steif schlagen. Marzipan-Rohmasse auf einer Haushaltsreibe fein reiben und zur Sahne geben. Sahne ganz steif schlagen. Erdbeerscheiben und Sahne kalt stellen.

3 Für den Teig Mehl mit Backpulver mischen, in eine verschließbare Schüssel (3-Liter-Inhalt) sieben, mit Zucker, Zimt und Zitronenschale mischen. Eier, Butter oder Margarine und Milch hinzufügen. Schüssel mit dem Deckel fest verschließen.

4 Mehrmals (insgesamt 15–30 Sekunden) kräftig schütteln, so dass alle Zutaten gut vermischt sind. Die beiseite gestellten Möhren hinzugeben. Alles mit einem Schneebesen oder Rührlöffel nochmals sorgfältig durchrühren, damit vor allem trockene Zutaten vom Rand mit untergerührt werden.

5 Jeweils 2 Esslöffel von dem Teig in ein gut erhitztes Waffeleisen (gefettet) füllen. Die Waffeln goldbraun backen, nebeneinander auf einen Kuchenrost legen und mit Puderzucker bestäuben.

6 Die noch warmen Waffeln mit den Erdbeerscheiben und der Marzipansahne servieren.

Quark-Kürbis-Waffeln

Zutaten

Für den Teig:
150 g Weizenmehl
2 gestr. TL Backpulver
100 g Zucker
1 Msp. geriebene Muskatnuss
3 Eier (Größe M)
250 g Magerquark
50 g zerlassene, abgekühlte
Butter oder Margarine

1 Für den Teig Mehl mit Backpulver mischen, in eine verschließbare Schüssel (3-Liter-Inhalt) sieben, mit Zucker mischen. Muskat, Eier, Quark, Butter oder Margarine und Milch hinzufügen. Schüssel mit dem Deckel fest verschließen.

2 Mehrmals (insgesamt 15–30 Sekunden) kräftig schütteln, so dass alle Zutaten gut vermischt sind. Kürbisraspel hinzugeben. Alles mit einem Schneebesen oder Rührlöffel nochmals sorgfältig durchrühren, damit vor allem trockene Zutaten vom Rand mit untergerührt werden.

(Fortsetzung Seite 120)

5 EL Milch
200 g grob geraffelter Kürbis

Zum Bestäuben:
Puderzucker

Zubereitungszeit:
40 Minuten

Insgesamt:
E: 77 g, F: 66 g, Kh: 231 g,
kJ: 8016, kcal: 1913

WÜRZIG

3 Den Teig in nicht zu großen Portionen in ein gut erhitztes Waffeleisen (gefettet) füllen. Die Waffeln goldbraun backen und nebeneinander auf einen Kuchenrost legen. Mit Puderzucker bestäuben. Waffeln warm oder kalt servieren.

Tipp: *Servieren Sie die Waffeln mit einer heißen Rum-Schokoladen-Sahne.*

Apfel-Möhren-Küchlein

Zutaten

Für den Teig:
200 g Weizenmehl
2 gestr. TL Backpulver
75 g Zucker
½ Pck. Finesse Orangenfrucht
2 Eier (Größe M)
75 ml Karottensaft mit Zitronensaft
75 ml Speiseöl

Für die Füllung:
2 Äpfel, z. B. Cox Orange

Zum Bestreichen:
etwas Karottensaft mit Zitronensaft

Außerdem:
1 Einweckglas (¾ l), gerade Form
1 Konfitürenglas (½ l), gerade Form

Zubereitungszeit:
50 Minuten

Insgesamt:
E: 38 g, F: 91 g, Kh: 248 g,
kJ: 8563, kcal: 2045

RAFFINIERT

1 Für den Teig Mehl mit Backpulver mischen, in eine verschließbare Schüssel (3-Liter-Inhalt) sieben, mit Zucker und Orangenfrucht mischen. Eier, Karottensaft und Speiseöl hinzufügen. Schüssel mit dem Deckel fest verschließen.

2 Mehrmals (insgesamt 15–30 Sekunden) kräftig schütteln, so dass alle Zutaten gut vermischt sind. Alles mit einem Schneebesen oder Rührlöffel nochmals sorgfältig durchrühren, damit vor allem trockene Zutaten vom Rand mit untergerührt werden.

3 Für die Füllung Äpfel schälen, mit einem Apfelausstecher Kerngehäuse entfernen. Äpfel in dünne Scheiben schneiden.

4 Den Teig abwechselnd mit den Apfelscheiben in ein Einweckglas (gefettet) und Konfitürenglas (gefettet) einschichten. (Die Gläser bis zu zwei Drittel füllen.) Dafür zuerst etwa gut 1 Esslöffel Teig in die Gläser geben, dann je 1 Apfelscheibe, wieder gut 1 Esslöffel Teig darauf geben. So weiter verfahren, bis der Teig aufgebraucht ist. Die letzte Schicht sollte eine Apfelscheibe sein. Die obere Apfelscheibe jeweils mit etwas Karottensaft bestreichen. Die Gläser auf dem Rost in den Backofen schieben.

Ober-/Unterhitze: etwa 180 °C (vorgeheizt, untere Einschubleiste)
Heißluft: etwa 160 °C (nicht vorgeheizt)
Gas: Stufe 2–3 (nicht vorgeheizt)
Backzeit: etwa 40 Minuten.

5 Die Gläser auf einen Kuchenrost stellen, etwa 5 Minuten stehen lassen, dann die Kuchen vorsichtig herausnehmen und auf einem mit Backpapier belegten Kuchenrost erkalten lassen.

Vitamintörtchen

Zutaten

Für den Teig:
200 g Weizenmehl
2 gestr. TL Backpulver
150 g gesiebter Puderzucker
1 Ei (Größe M)
125 g zerlassene, abgekühlte Butter oder Margarine
150 ml Multivitaminsaft
1 Pck. (100 g) abgezogene, gestiftelte Mandeln

Für die Füllung:
250 g Mascarpone (italienischer Frischkäse)
2 EL Multivitaminsaft
1 Pck. Sahnesteif, 25 g Zucker
1 mittelgroßer Apfel

Für den Belag:
1 Orange

Für den Guss:
250 ml (¼ l) Multivitaminsaft
25 g Zucker
1 Pck. Tortenguss, klar

Außerdem:
4 Mehrweg- oder Konservendosen, 450 ml Inhalt, 10 x 10 x 6 cm

Zubereitungszeit:
45 Minuten, ohne Kühlzeit

Insgesamt:
E: 62 g, F: 270 g, Kh: 457 g, kJ: 19660, kcal: 4693

FÜR KINDER

1 Für den Teig Mehl mit Backpulver mischen, in eine verschließbare Schüssel (3-Liter-Inhalt) sieben, mit Puderzucker mischen. Ei, Butter oder Margarine und Multivitaminsaft hinzufügen. Schüssel mit dem Deckel fest verschließen.

2 Mehrmals (insgesamt 15–30 Sekunden) kräftig schütteln, so dass alle Zutaten gut vermischt sind. Mandeln hinzugeben. Alles mit einem Schneebesen oder Rührlöffel nochmals sorgfältig durchrühren, damit vor allem trockene Zutaten vom Rand mit untergerührt werden. Den Teig in die Mehrweg- oder Konservendosen (gefettet) geben und glatt streichen.

3 Die Mehrweg- oder Konservendosen auf dem Rost in den Backofen schieben.

Ober-/Unterhitze: etwa 180 °C (vorgeheizt, untere Einschubleiste)
Heißluft: etwa 160 °C (nicht vorgeheizt)
Gas: Stufe 2–3 (nicht vorgeheizt)
Backzeit: etwa 35 Minuten.

4 Die Dosen auf einen Kuchenrost stellen und etwa 5 Minuten stehen lassen. Die Kuchen herausnehmen und auf einem mit Backpapier belegten Kuchenrost erkalten lassen. Die Kuchen jeweils einmal waagerecht durchschneiden.

5 Für die Füllung Mascarpone mit dem Multivitaminsaft geschmeidig rühren. Sahnesteif mit Zucker mischen und unterrühren. Apfel schälen, halbieren, entkernen, grob raspeln und unterheben. Jeweils ein Viertel der Mascarpone-Apfel-Masse auf je eine untere Kuchenhälfte streichen und jeweils mit den oberen Kuchenhälften bedecken, etwas andrücken.

6 Für den Belag Orange dick schälen und in 8 Scheiben schneiden. Je zwei Orangenscheiben auf je einen Kuchen legen.

7 Für den Guss aus Multivitaminsaft, Zucker und Tortengusspulver nach Packungsanleitung einen Guss zubereiten. Die Törtchen mit dem Guss überziehen und etwa 1 Stunde kalt stellen.

Tipp: *Statt Orange können auch sehr gut Bananen-, Ananas- oder Mangoscheiben verwendet werden. Die Törtchen können auch in Muffinsförmchen oder in dreifach ineinander gestellten Papierbackförmchen gebacken werden. Die Backzeit verkürzt sich dann auf 20–25 Minuten.*

Alphabetisches Register

Alphabetisches Register

Kapitelregister

Kuchen aus der Form

Torten

Kapitelregister

Kuchen vom Blech

Kleingebäck

Umwelthinweis	Dieses Buch und der Einband wurden auf chlorfrei gebleichtem Papier gedruckt. Die Einschrumpffolie – zum Schutz vor Verschmutzung – ist aus umweltfreundlichem und recyclingfähigem PE-Material.
	Wenn Sie Anregungen, Vorschläge oder Fragen zu unseren Büchern haben, rufen Sie uns unter folgender Nummer an (0521) 155-2580 oder 52 06 50 oder schreiben Sie uns.
	Dr. Oetker Verlag KG, Redaktion, Am Bach 11, 33602 Bielefeld
	Bei den in diesem Buch verwendeten Rezeptnamen handelt es sich zum Teil um eingetragene Marken.
Wir danken für die freundliche Unterstützung	Coca-Cola GmbH, Essen Masterfoods, Viersen

Redaktion	Carola Reich, Annette Riesenberg
Titelfotos	Thomas Diercks, Hamburg
Innenfotos	Kai Boxhammer, Hamburg Eike Upmeier-Lorenz, Herford (Foodstyling)
	Kramp & Gölling, Hamburg Brigitte Wegner, Bielefeld
Rezeptentwicklung und -beratung	Anke Rabeler, Hamburg Maik Schacht, Hamburg Eike Upmeier-Lorenz, Herford Mechthild Plogmaker, Versuchsküche Dr. Oetker, Bielefeld
Grafisches Konzept	Björn Carstensen, Hamburg
Gestaltung	M • D • H Haselhorst, Bielefeld
Titelgestaltung	Kontur Design, Bielefeld
Reproduktionen	Repro Schmidt, Dornbirn, Österreich
Satz	Typografika, Bielefeld
Druck und Bindung	MOHN • Media Mohndruck GmbH, Gütersloh

ISBN 3-7670-0251-5